Hof
Kulmbach
Fichtelgebirge
Bayreuth
Oberpfälzer Wald
Weiden
Pegnitz
Naab
Waldmünchen
Regen
Großer Arber
1456
Viechtach
Regensburg
20
Bayerischer Wald
Regen
19
18
Deggendorf
Kehlheim
Straubing
ngolstadt
Landau
Wörth
Isar
Donau
Passau
17
Landshut
Bad Birnbach
16
Freising
Eggenfelden
Inn
Isar
München
Alz
Schäftlarn
Inn
Rosenheim
olfratshausen
Chiemsee
14
Bad Reichenhall
Salzburg
15
1838
Wendelstein
Untersberg
2713
Watzmann

Fritz Fenzl

Wunderwege in Bayern

Fritz Fenzl

Wunderwege in Bayern

Magische Stätten
und Überlebenspfade

nymphenburger

»Ich schaute nach vorn
und horchte nach innen.«

PATER FRUMENTIUS

Besuchen Sie uns im Internet
unter www.nymphenburger-verlag.de

Informationen zu Führungen mit Fritz Fenzel
unter www.magische-kraftorte.de

1. Auflage Februar 2002
2. Auflage Juni 2003
3. Auflage November 2004

Schutzumschlag: Wolfgang Heinzel
Schutzumschlagmotiv: Gregor M. Schmid, München
Satz: Schaber Satz- und Datentechnik, Wels
Gesetzt aus 10,8/14,8 Punkt Sabon in PostScript
Druck und Binden: GGP Media GmbH, Pößneck
Printed in Germany
ISBN 3-485-00907-5

Inhalt

Unterwegs auf den Wegen der Kraft

»Der Ort nimmt einen mit«, das ist die wohl größte Erkenntnis aus der jahrzehntelangen Beschäftigung mit Kraftplätzen, magischen Orten, heilenden Pfaden. Doch wer sich die richtigen Orte anschaut und »vor Ort« mittragen lässt, der merkt bald: Nicht nur der Ort, sondern die Bewegung sind ausschlaggebend, um Dinge zu erleben, von denen viele nicht einmal ahnen, dass es sie gibt.

Die alte und gute, heilsame, spirituell hochstehende Idee des Pilgerns ist Teil dieser Erfahrung. In diesem Buch sind solche Erlebniswege zusammengestellt.

Der Leser kann hingehen, kann selbst erleben, die Sinne entdecken und schulen, verweilen, Kraft tanken, meditieren. Heilung finden!

Orte sind in der Sprache der Ursymbole miteinander verknüpft.

Christlich geprägte Schauplätze, zumeist Orte, die schon als Kult- und Opferplätze bekannt waren und ver-christlicht wurden, spielen hier eine große Rolle. Aber auch der moderne Okkultismus (der uralt ist!) kennt und pflegt magische Orte.

Der Suchende wird immer wieder Zeugnisse aus der Vergangenheit vorfinden, oft eine Kapelle, eine Kirche, ein Kreuz, Wegkreuz, einen Feldstein, ein Marterl usw.

Wer öfter solche Orte bewusst aufsucht, wird zu feineren Wahrnehmungen fähig werden und merken, dass solche Orte letztlich ein Wissen um die Zusammenhänge der Natur und der Welt erfahrbar machen.

Volksglaube, Tradition, okkulte Einbindung: alles ist wichtig. Und so mancher zunächst harmlos erscheinende Ort in Bayern hat unglaubliche Geschichten zu erzählen. Und nicht nur vom Christentum …

Orte der Kraft sind natürliche Energiezonen. Alles schwingt inmitten der universellen Lebensenergie.

Grundsätzlich gilt: Alles, was ist, obliegt einem regelmäßigen Hin und Her, sei es im materiellen, im geistigen oder im feinstofflichen Bereich. Es schwingt das Leben selbst in seinem Auf und Ab, es schwingen die Tages- und Jahreszeiten, es schwingt der Geist, der Kosmos, das All. Menschen schwingen sich aufeinander ein oder werden voneinander abgestoßen: Sympathie und Antipathie.

Genauso ist es mit Orten, Plätzen und Wegen. Die Schwingung stimmt oder sie stimmt nicht. Und selbst das Wort »stimmt« hat es in sich, denn die Stimme ist nichts anderes als Schwingungen. Stimmen Sie sich deshalb auf die ausgewählten Wege ein, indem Sie sich einlassen auf das, was dort ist, möglichst ohne vorgefasste Meinung einfach ehrlich mit sich selbst sind und offen für die Energie des jeweiligen Weges.

Im Grunde ist das Wissen, das Sie brauchen, schon in Ihnen. Sie müssen es nur aktivieren. Und die Wege bieten mit ihrer besonderen Energie dazu eine ideale Möglichkeit. Schon der Gruß: »Wie geht es dir?« deutet auf den Zusammenhang von Bewegung und Wohlbefinden hin. Der Weg selbst soll nun unser Ziel sein. Die hier zusammengestellten sind allesamt erreichbare Refugien der Natur und Oasen der Kunst- und Religionsgeschichte Bayerns.

Ausgewählt sind nicht nur die bekannten romantischen Wanderungen und Ausflugsideen, sondern eben und vor allem ganz Besonderes: Pfade der Magie, der Wallfahrt, des christlichen Erlebens, der Transzendenz.

Gerade in Bayern sind viele solcher magischer Pfade erhalten. Und über allem strahlt meist ein blauer Himmel in einem mystischen Licht. Er ist wie von innen her er-leuchtet und bisweilen zeigen kleine weiße Wolkenfetzen, Engelsflügeln gleich, dass hierzulande der Himmel »dem Himmel ganz nahe ist«. Und so ist es auch.

Jener ganz besondere Himmel über Bayern ist – materiell betrachtet – natürlich Luft, Atmosphäre, ein Stück Kosmos und Weltall. Doch daneben gibt es auch den Himmel ganz im Sinne von himmlischer Glückseligkeit. Theologisch gesagt, wäre dieser Himmel der ewige Lohn für gute Taten, das »Gott-ganz-nahe-Sein«.

Abt Odilo Lechner gibt in seinem Buch »Der Himmel über Bayern« einen wundervollen Hinweis, der die doppelte Bedeutung von Himmel klarer macht: »Das Englische unterscheidet zwischen *sky* und *heaven*, zwischen dem sichtbaren Firmament und dem unsichtbaren ewigen Gottesreich. Die deutsche Sprache verfügt über diesen Unterschied nicht und die bayerische schon gar nicht. Denn in ihr und in der bayerischen Seele, die sich in ihr ausdrückt, sind Himmel und Erde, Diesseitiges und Jenseitiges, fast untrennbar miteinander verbunden.«

Diese örtliche und spirituelle Einheit gilt auch für magische Orte und Pfade, gilt für Engelssteige und Pilgerwege: Wer auf der richtigen Linie geht, wandelt, pilgert, dem *geht* es gut, auf der ganzen *Linie*! Denn magische Orte und ebenso die Verbindungslinien zwischen solchen Orten sind im wahrsten Sinne des Wortes dem Himmel ganz nahe. Und auch die Worte, die zu solchen Orten führen. Es handelt sich um Wege des Heils und damit der Heilung. In dem religiösen Begriff Heil ist die körperliche, weil ebenso geistige Heilung stets enthalten.

Magische Pfade, Überlebenswege, Drachenlinien, Pilgerwege, Schutzengelpfade: Die Vielzahl der Namen, die Menschen sich haben einfallen lassen, zeugen schon von der Erlebnisvielfalt. Was hat es mit solchen Wegen auf sich?

Sind dies gleichzeitig Wege, die den Tod überwinden helfen und zu Toren jenseits unseres Vorstellungsvermögens führen? Nur wer sich selbst auf den Weg macht, wird darauf eine Antwort finden.

Die meisten der in diesem Band beschriebenen Wunderwege sind nicht nur schön, ikonografisch (kunstgeschichtlich) interessant oder zeigen eine bemerkenswerte Fauna, Flora und geografische und geologische Einbettung, nein, auch das Zeiterleben ist ein anderes.

Wenn Sie zum Beispiel die Hügelgräber bei Mühltal (Nähe Leutstetten) besuchen, an der unterhalb dieser Hochebene befindlichen Quelle stehen, die jahrein, jahraus von wissenden Frauen besucht, geschmückt und rituell aufgeladen wird, dann befinden Sie sich tatsächlich oftmals in einer anderen Zeit als der hier auf Erden gewohnten Realzeit.

Ich staune immer wieder, wenn ich Gruppenführungen zu magischen Orten und Überlebenspfaden durchführe, wie sehr die zahlreichen Zuhörer mit ihrer Zeit ins »Schwimmen« kommen! Besonders bei dieser Quelle und den Hügelgräbern.

Das will heißen: Es gibt im Kosmos einen vollkommen anderen Zeitbegriff als den uns gebräuchlichen, dieser ist der Ewigkeit sehr nahe, eine stehende Zeit, in der sich nichts bewegt; nur wir bewegen uns in der Zeit, deswegen werden wir alt mit der Zeit!

So kann es Ihnen, wenn Sie einen Wunderweg begehen, leicht passieren, dass Minuten zu Stunden werden und umgekehrt. In der Fürstengruft der Münchner Michaelskirche, dort, wo König Ludwig II. begraben liegt, bleiben oftmals Uhren stehen. Auch das ist sicherlich kein Zufall.

Es gab und gibt Orte, die als Tunnels zwischen den Zeiten fungieren. Und Sie selbst können als sensibler, wissender Wanderer hierorts durchaus auch zum Zeiten-Pilger werden. Bestimmte Plätze sind mit vorhandenen Energien angefüllt (egal, ob es sich um das Einweihungswissen der Pyramiden handelt oder die Gebetsaufladung in Altötting. Irgendetwas wirkt dort und beeinflusst den Geist. Bestimmte Wege und Plätze verstärken die Signale, die aus dem Unterbewussten kommen, aus einer vergangenen oder kommenden Zeit. Es gibt dafür verschiedene Erklärungen, zum Beispiel die der morphogenetischen Felder, die davon ausgehen, dass an einem Ort alles gespeichert und wieder abrufbar ist. C. G. Jung hätte vielleicht gesagt: Sie gehen den Weg der Archetypik und klinken sich in die Gedankenformen all der Menschen vor Ihnen. Wie immer Sie es benennen, eines steht fest: Diese Wege ermöglichen ein besonderes Erleben und letztlich ist es das, was zählt: Ihr eigenes Erleben, Ihre Erfahrung. Wunder geschehen auf unserer Welt, geschehen immer wieder. Wer an sie glaubt, dem werden sie gegeben.

Wer sich mit diesem Buch auf den Weg macht, der wird bald alles anders sehen als bisher. Nicht nur die Natur erscheint plötzlich in ganz neuem Licht, offenbart sich jetzt von einer Seite, nein, auch Mensch und Tier der Umgebung verraten plötzlich, wer sie sind, was sie wollen.

Wir haben nun für unsere Betrachtungen nicht den magischen Ort allein, sondern die Verbindung zwischen zwei Orten gewählt, die Strecke. Wer zu Fuß eine Strecke bewusst zurücklegt, der gleicht einem Pilger, der sich auf den Weg macht, Erfahrungen zu machen.

Wer seinen Weg finden will, der muss wissen: Wohin? Und am Ende eines jeden Weges steht das, was für ein dauerhaftes Überleben des Gegenwartsmenschen unumgänglich ist: die Umkehr.

Umkehr: körperlich, geistig, seelisch. Wer nicht umkehrt, kommt nie zurück. Also im übertragenen Sinn: Wer nicht seine eigenen Werte sucht, findet und erkennt, der kehrt nicht mehr zu seiner Gottgewolltheit zurück.

Jeder Mensch ist anders, also ist auch der Ort und der Weg eines jeden anders.

Deshalb will diese Anleitung zum Finden von magischen Stätten und Überlebenspfaden vermeiden zu sagen: »Hier ist der Punkt!« – »Genau da verläuft die Linie!«, sondern nur anleiten, dem eigenen Gefühl zu trauen. Lassen Sie sich führen!

1
Der Badersee bei Grainau

Heilendes Wasser aus den Tiefen der Erde

Was für ein würdevolles, romantisches, aber trauriges Dasein! Im klarsten See der Alpen, den kalte, frische, ungewohnt klare Quellen aus den abgründigsten Tiefen der Erde speisen, da ist, in der Nähe eines Inselchens, mitten im quellfrischen Wasser eine liebliche Nixe zu bewundern, die auf dem Grund des Sees liegt und fragend nach oben schaut. Sie hat den schönen und begehrenswerten Oberkörper einer Menschenfrau, deren goldenes, lang dahinfließendes Haar; indes verlieh ihr das Schicksal statt der Beine zwei Fischschwänze, die sie elegant überkreuzt. Was will das Zauberwesen dem verwunderten Kahnfahrer sagen, der über sie hinwegrudert? Was dem Wanderer, der staunend und tatsächlich verzaubert um den Badesee geht und dabei das klarste und tiefgrünste Wasser betrachtet, das in Gottes Natur denkbar ist? In einer majestätischtransparenten Brillanz gibt es den Blick bis dahin frei, wo sich eine mystische Regentschaft des geheimnisbergenden Dunkelgrüns nach unten hin öffnet. Wir stehen auf mehreren Quellen, die den wahrlich wundervollen See von unten her speisen. Und dieser Ort und auch seine nähere Umgebung waren immer schon von Wissenden erkannt, daher ist der Raum schon sehr früh besiedelt worden.

Die ersten Siedlungsanfänge unter der Zugspitze und am Nordfuß der Waxensteine reichen bis weit in die vorchristliche Zeit zurück, in die jüngere Steinzeit nämlich und in die folgende Bronzezeit, als damals, etwa zweitausend Jahre vor Christus, infolge des wärmeren Klimas der Grundwasserspiegel sank und somit größere Landflächen freigab. Tausend Jahre später kannte die aus illyrischen Volksstämmen bestehende Bevölkerung bereits die beiden Übergänge über die Alpen: den heutigen Brenner und den Fernpass, die als Handelswege sehr rege genutzt wurden.

Ab 500 vor Christus drangen keltische Stämme von Westen her in das Gebiet ein. Sie vermischten sich mit den eingesessenen Weidebauern. Keltische Sprachreste finden wir heute noch in den Flussnamen Isar, Loisach und Ammer.

Nebenbei gesagt: Nach dem Verfall der römischen Herrschaft Ende des fünften Jahrhunderts und mit der am Anfang des sechsten Jahrhunderts einsetzenden Einwanderung der Bajuwaren, da beginnt die bayerische Geschichte!

Grainau, der Ort in der Nähe des Badersees, liegt in 750 Meter Seehöhe am Fuß des Wettersteingebirges. Man hat von dort einen herrlichen Blick auf die Waxensteine und die Zugspitze, die höchste Erhebung der deutschen Alpen mit 2964 Meter. Der gewaltigen Erdenergie der Berge steht der Badersee mit seinen unterirdischen Quellen als ausgleichender Pol gegenüber. Seine Temperatur sinkt nie unter fünf Grad Celsius und übersteigt nie elf Grad Celsius, d. h., er ist zwar nie zugefroren, aber auch zum Baden ungeeignet, also besonders rein von Fremdenergien. Die Gegend ist heilklimatisch anerkannt und schützt vor allem, was da kommen mag in dieser Welt.

Vom Parkplatz unterhalb des luxuriösen »Hotel am Badersee« geht es zu Fuß zum nebenan gelegenen Badersee. Sobald wir den überschaubaren, nicht allzu großen Gebirgssee erblicken, sind wir augenblicklich be- und gefangen. So eine Klarheit des Wassers kennt man sonst nirgends.

Da Angelverbot herrscht und das Wasser nicht nur sauber, sondern heilend und Kraft spendend ist, sehen wir ungewöhnlich große Forellen, zumeist Seeforellen, deren Unerschrockenheit vor den Betrachtern an paradiesische Zustände erinnert. Kein Zufall, sicher nicht.

Wasser ist ein lebendiger Träger von Informationen über die Natur und über die ihr seit Anbeginn der Zeiten eingeschriebenen Geheimnisse. Magische Orte, Verbindungen zwischen Kraftorten und Kraftfeldern befinden sich in sämtlichen bekannten Fällen über heilendem Wasser. Wasser als Informationsträger ist in der Wissenschaft lange schon bekannt und unumstritten. Nun haben jedoch in neuerer Zeit japanische Wissenschaftler herausgefunden, dass sich bei der positiven oder negativen Beschallung die kristalline Struktur des Wassers ändern kann.

Kristalle machen die Seele des Wassers sichtbar. Während sauberes Wasser sein »wahres Gesicht« in wirklich wunderschönen sechseckigen Kristallen zeigt, gleichen die Kristalle bei verschmutzten Flussläufen eher Krebsgeschwüren. Die japanischen Wissenschaftler haben herausgefunden, dass Wasserkristalle auf Worte und Gedanken reagieren. Hier um den Badersee herum wird zumeist nur gut gedacht und gesprochen. Die Folgen sind: wunderschöne Kristalle, von denen nicht zuletzt gesunde und übergroße Fische zeugen.

Nutzen auch Sie die Heil-, Lebens- und Überlebenskraft dieses Ortes! Wer hindert Sie daran? Die Natur verschenkt ihre Gaben. Mit einem Danke tragen Sie zur Schönheit dieses Platzes bei.

Der Legende nach hat König Ludwig II. die Nixe unter der Wasseroberfläche des glasklaren Gebirgssees versenken lassen, um auf ein Geheimnis hinzuweisen, das ihm besonders am Herzen lag.

Man darf bei allen Taten des so genannten Märchenkönigs davon ausgehen, dass es sich nicht um die Überlegungen eines romantischen Spinners, sondern um bewusst überlegte Taten eines Eingeweihten gehandelt hat.

Vermutlich wusste Ludwig um die positiven Gedankenfolgen, die eine liebenswerte, ins klare Gebirgswasser versenkte Nixenfigur auslösen würde. Man sucht diesen See schon mit einer nahezu kindlichen Vorfreude auf, mit Entdeckerfreude, und um diesen See herum werden so überwiegend positive Worte geredet …

Beginnen wir nun mit dem Rundgang. Am besten rechts herum, denn dies scheint dem dort herrschenden Energiefluss zu entsprechen. Wir kommen gleich zu einer Sitzgruppe, die den ersten handfesten Kraftplatz darstellt. Stellen Sie sich so, dass Sie auf die Insel schauen können …

Wo mag die Nixe sein? Diese hoffnungsvolle, neugierige Energie ist überall am See zu spüren. Doch Sie müssen ein Boot mieten, um ihrer ansichtig zu werden.

Unser Rundweg entpuppt sich nun als wahrhaft heilender Pfad. Wenn wir aufmerksam schauen, entdecken wir Naturtempel, Bäume in Kreis- und in Dreiecksformationen, Kultstätten, Spuren von Ritualen. Lassen Sie sich beim Gehen ganz auf das ein, was da ist. Betrachten Sie die Welt um sich mit staunenden Kinderaugen und seien Sie achtsam, was Sie fühlen.

Gegenüber der Sitzgruppe und gegenüber des modernen Hotels, also auf der anderen Seite der kleinen Insel, das heißt, wenn wir den See zur Hälfte umrundet haben, verlassen wir den Rundweg nach rechts. Wir gehen einen Hügel hoch und sind auf einem ebenso schönen Weg, der in erhöhter Lage gen Süden führt, mitten durch den Wald hindurch.

Bald steht ein eigenartig-unheimlicher Baum, der vom Blitz getroffen wurde, am Wegesrand. Dann ein magischer Stein, der an das so genannte Froschmaul im magischen Park unterhalb der Burg Falkenstein im Bayerischen Wald erinnert: ein idealer Aufenthaltsort für Naturgeister, Entitäten des Waldes, Schwebegeister der Bodenpflanzen, die der Hellsichtige hier sehen kann. Auch für Kinder, die meist noch sehr viel offener sind in ihrer Wahrnehmung, gibt es dort viel zu erleben. Schließlich erreichen wir den besonderen Punkt in der Landschaft: ein Felsplateau, etwa in zehn Metern Höhe rechts des Weges, mit schier unglaublicher Lebensenergie. Das Muten (Wünschelrutengehen) ergibt hier zwei positiv sich kreuzende Wasseradern (Quellen?). Dieses Plateau lädt zum Verweilen ein. Versuchen Sie, die Kraft dieses Ortes in sich zu spüren. Was passiert mit Ihnen?

Wenn wir dann weitergehen, kommen wir schließlich bis zum Umkehrpunkt: dem Zugspitzbahn-Bahnhof Grainau. Der Weg, dem wir gefolgt sind, würde nach Obergrainau weiterführen. Wir gehen jedoch zurück und stellen fest, dass wir uns anders fühlen als beim Losgehen. Wie fühlen Sie sich?

Zurück am See werden wir wieder des Inselchens ansichtig. Auf der gegenüberliegenden Seite des Badersees sehen wir die helle Fassade des Hotels. Die Nixe befindet sich von unserem jetzigen Standpunkt aus links der malerischen kleinen Seeinsel unter der Wasseroberfläche.

Wir vollenden den Rundgang und versuchen, an irgendeiner beliebigen Stelle des smaragdartig-grünklaren Gewässers, uns das Gesicht mit dem heilenden Wunderwasser zu waschen und dabei auch einige Schlucke zu trinken. Denken Sie daran: Sie nehmen besondere Kristalle, im wahrsten Sinne positiv besprochenes Wasser, in sich auf. Es ist rein und klar und schenkt Ihnen seine heilende Kraft. Wunder sind hier möglich.

Ausgangspunkt: Hotel am Badersee, Parkplatz oder Sitzgruppe vor dem Hotel und Ufer des Sees. Wir gehen rechts herum.
Länge: ca. 3 km, 1–2 Stunden, je nach Verweildauer an den magischen Punkten.
Anstieg: Fällt nicht ins Gewicht.
Einkehr: Hotel am Badersee oder eine der guten Gaststätten in der Umgegend.
Anfahrt: Ab München Autobahn Garmisch, über Oberau, Farchant nach Garmisch, den Ort durchqueren, dann links hoch nach Grainau, von dort zum Badersee (Richtung Eibsee).

2
Der Alatsee bei Füssen

Der Weg zu den verborgenen Schichten der Persönlichkeit

In ganz Bayern gibt es wohl kaum einen Ort, der als monumentale Kraftquelle so ambivalent wirkt und den Besucher packt und in eine Gefühlsschaukel versetzt zwischen »faszinierend« und »unheimlich«, wie dies beim Alatsee, etwa zehn Kilometer westlich von Füssen, der Fall ist. Dieser See ist tatsächlich ein Urtrichter des Weltgeschehens, der die kosmische Energie bündelt und nach unten zieht.

»Tauchen ist hier streng verboten!«, berichten die Ortsansässigen. Wir wollen mehr erfahren. Doch die Allgäuer schweigen. Plötzlich sagt einer: »Ab und zu findet kontrolliertes Gerätetauchen statt, mit schweren Sicherungsvorkehrungen.« Und leise fügt er hinzu: »Sie finden immer wieder was aus dem letzten Krieg. Manche sagen, der Schatz, der damals versenkt worden sein soll ... Aber es ist ein Fluch ...«

Der tiefgrüne, kalte Alatsee selbst ist ein Trichter, der hinunter ins unendliche Nichts zu führen scheint. Man kann das klare Wasser einsehen, beobachten, wie der Boden ungewöhnlich steil nach unten sich öffnet, ja abstürzt, bis dann das tiefe Grün in Schwarz übergeht. Tatsächlich ist klareres Wasser kaum vorstellbar, die hellen Steine der Uferregion bilden einen magischen Kreis, und der deutlich sichtbare Schlund, erst smaragd-, dann dunkelgrün, scheint alles nach unten zu ziehen, was materiell ist.

Mitten im See soll sich ganz unten ein schmales Loch befinden, das sich dann wie ein Sanduhrtrichter weit in die Tiefe der Erde hinein weitet. Keiner ist je durchgekommen.

Es heißt, die Nationalsozialisten hätten hier militärische Experimente gemacht. Genaues ist nicht zu erfahren. Man fühlt förmlich, wie die Wasseroberfläche ein Geheimnis verbirgt.

Tatsächlich hat das strenge Tauchverbot seinen Grund, denn von den Tauchern sind viele nie wiedergekommen. Dieses Schicksal spiegelt sich auch in der Sage, die sich um den Alatsee rankt: Vor Urzeiten sollen drei verwunschene Frauen durch Lockrufe und sündhaftes Gebaren drei anständige, allerdings verführbare Ritter in die

Tiefe gelockt haben. Jeder Erlösungsversuch scheiterte! Bis heute sind angeblich die verzweifelten Rufe der Verdammten zu hören, nicht immer, aber oft.

Zudem ist dieser Geheimnisse und Gefahren bergende See (er birgt mit Sicherheit einen Schatz: das Wissen um die Kraft, des Ortes, das jedoch nur wenigen zugänglich ist) mit der Burgruine Falkenstein durch unterirdische Gänge verbunden. An deren Eingang muss sich eine Höhle befunden haben, deren »Wächter der Pforte« den Ankommenden eingehend auf die Gesinnung prüfte.

Nicht umsonst wollte der in Einweihungswissen bestens geschulte König Ludwig II. hier, wo heute auf magischem Orte die Ruine Falkenstein lockt, eine hochherrliche Burg bauen lassen, die selbst Neuschwanstein hätte übertreffen sollen. Allein schon die Pläne und Zeichnungen sind berauschend. Ab 1884 entstand die Fahrstraße, eine Wasserleitung wurde installiert, doch dann erschien am 13. Juni 1886 in der Residenz zu München die »Schwarze Frau«, die Todesbotin der Wittelsbacher. Der Rest ist bekannt: Der König kam ums Leben, ebenfalls an einem magischen Ort, im Starnberger See bei Berg.

Doch zurück zum Alatsee: Auf der dem Gasthof gegenüberliegenden Wiese zeigt sich ein Natur-Dreieck mit einem Kreis in der Mitte: Der Platz ist für Kraftort-Kenner sofort augenfällig. Die Kraft hier ist sehr stark. Seien Sie vorsichtig: Man kann auch ohnmächtig werden. Magische Orte und Rundwanderwege wie um diesen See herum sind wie Arzneien: heilend oder giftig. Seien Sie aufmerksam, wie Sie sich fühlen. Wenn Sie das Gefühl haben, der Platz tut mir gut, dann können Sie hier Erstaunliches erleben und sich von der Kraft des Ortes forttragen lassen. Der Blick in den See ist wie der Blick in uns selbst, in unsere eigene Tiefe, in unsere Seele. Wir sehen plötzlich das unter der Oberfläche Liegende, das Verborgene, und so wird der Weg um den See zu einem Zugang in die Tiefenschichten unserer Persönlichkeit.

Ausgangspunkt: Alatsee, Hotelgasthof.
Länge: ca. 3 Kilometer.
Anstieg: Keiner, außer Sie gehen die asphaltierte Straße zu Fuß hoch.
Einkehr: Direkt am See, bei gutem Wetter schöne Terrasse.
Anfahrt: München – Kaufbeuren – Marktoberdorf – Füssen. Ab Füssen Richtung Weißensee, dann ist bald der Alatsee ausgeschildert.

3
Die Lourdes-Grotte bei Oberammergau

Eine Madonnenfigur für den Frieden

Bei diesem Wunderweg lohnt es sich wahrlich, die Wünschelrute mit in den Rucksack zu stecken. Denn eine für den Fremdenverkehr vollkommen unbekannte, aber himmlisch schöne Marien-Grotte, die so genannte Lourdes-Grotte, die direkt über einem klar und munter sprudelnden Gebirgsquell bergend und schützend in einen Hügel der Heilung hineingestaltet wurde, sie beweist, wie fühlbar Wasseradern sind und wie diese positive Kraft durch die fürsorgende Gottesmutter noch verstärkt wird.

Wir fahren von Murnau Richtung Oberammergau, biegen jedoch kurz vor Unterammergau – dort, wo rechts der Wanderweg zum Pürschling hochgeht – links einen schmalen Weg in die weit geschwungene Alpenwiese hinein. Der Weg führt direkt zu einer weißen Wallfahrtskirche, Kapel genannt, was natürlich nichts anderes heißt als

Kapelle. Dieses ursprünglich gotische Gotteshaus ist die älteste Wallfahrtskirche im Ammertal.

Vor der Kapelle, die auf einem deutlich als solchen zu erkennenden Krafthügel steht, führt ein Kreuzweg an stufenförmig übereinander gestalteten malerischen Forellenteichen vorbei, quasi in Terrassenform angelegten Naturbottichen, bei denen einer der Wasserbehälter den anderen speist. Geben und Nehmen zugleich! Das ist typisch für diesen Ort des Fließenlassens.

Der oberste Zufluss entspringt direkt unter der Grotte mit Madonna, deren Kraft und magische, heilige Strahlung den Wanderer wie ein Magnet anziehen.

Mir selbst wurde die friedensgebende Kraft dieser Maria, die hier auch sehr zu Recht Friedensmadonna genannt wird, sofort bewusst: Kam ich doch durch vielerlei Umstände aufgeregt hier an. Kaum stand ich vor der Grotte, kaum ließ ich mich von dem bergenden Rund auf- und gefangen nehmen, gewahrte ich die himmlische Schönheit der Muttergottes und alle Anspannungen, körperliche und auch seelische, lösten sich.

Am 28. Juli 1919 sei diese Grotte am Fuße der Kapel eingeweiht worden, so können wir einer kleinen Tafel auf dem Betsims entnehmen. Weiter steht da, es handle sich um eine Königin des Friedens, die nach dem enorm starken Fatima-Eindruck von 1917 hier errichtet und gestaltet worden sei.

Fatima! Nur zur Erinnerung. Am Mittag des 13. Mai 1917 erschien in dem bis dahin unbekannten Ort Fatima nahe Lissabon den drei Seherkindern Lucia, Francisco und Jacinta die Gottesmutter. Das alles geschah unmittelbar nachdem die Kinder ihre Tiere in eine magische Höhle, die so genannte Cova da Ira, getrieben hatten.

Danach wiederholte sich die wunderbare Madonnenerscheinung, die der gesamten Welt Rätsel aufgab und diese wachrüttelte, noch sechs weitere Male. All dem ging die gleißende Licht-Vision eines Engels voraus.

»Plötzlich«, so erzählt Lucia später in ihren Erinnerungen, »näherte sich ein etwa vierzehn bis fünfzehn Jahre alter Jüngling. Er schien mehr in der Luft zu schweben als auf der Erde zu gehen.« Als dann Lucia Mut fasste und auf ihn blickte, war es, als würde die Sonne durch ihn hindurchstrahlen, als wäre er aus Kristall. Außerdem gab sie später zu Protokoll, dass »das

Licht, das ihn umgab«, weißer als der Schnee gewesen sei.

So gewinnt die Grotte, die eigenartigerweise Lourdes-Grotte genannt wird (dort gab es ebenfalls eine weltberühmte Marienerscheinung), ganz besondere Bedeutung. Denn mit der Erscheinung von Fatima sind drei Geheimnisse verbunden, von denen zwei schon gelüftet sind und sich in grausiger Weise bewahrheitet haben.

Das dritte Geheimnis allerdings, es sagte das Attentat auf den Papst voraus, geht noch weiter und betrifft unsere unmittelbare Gegenwart. Denn, wenngleich in verschlüsselter Form, wird von der Gefahr eines kommenden Weltkrieges gesprochen und eben auch davon, wie der Einzelne sich durch richtiges und gottgefälliges Verhalten zu schützen vermag: sich selbst und auch seine Familie!

Maria hat uns gewarnt und uns gleichzeitig einen Weg für Versöhnung und Frieden aufgezeigt. Wenn wir an diesem Ort mit Hingabe beten, können wir einen wichtigen Beitrag zum Frieden in uns selbst, für unsere Angehörigen und für die gesamte Menschheit leisten.

Gehen wir nach diesem ehrlichen Gebet den Weg weiter. Oberhalb des Grottenfelsens ist die weiße, hübsche Kapel. Sie hat eine Eigenart, die ich oft bei der Begehung magischer Orte und heilender Linien feststellen konnte: Von außen strahlt der Gottesbau stärker, als er im Inneren dann zu wirken vermag. Vielleicht liegt dies an dem kräftigen Platz, der durch den spitzen Kirchturm genau richtig gepfählt ist, der also die Kraft genau hier, wo es richtig und passend ist, nach oben leitet. Im Innern des neu renovierten Gotteshauses bleibt die Wirkung auf den Kenner feinerer Strahlung jedenfalls merkwürdig neutral. Die Kapel ist eine in der Gegend beliebte Wallfahrtskirche. Mag sein, dass hier das Beten, die Aufladung also mit guten Gedanken, eher außen stattfindet und über viele Jahrzehnte stattfand. Ich kenne das Phänomen vor allem von wuchtigen Portalen romanischer Kirchen: Die Außenkraft, die an bestimmten Stellen unter oder vor dem Portal wie ein Parabolspiegel wirkt und den aufnahmebereiten Ankommenden förmlich erschlägt, findet innen kaum eine Entsprechung.

Unser Weg führt uns nun von der Kapel auf der weiten Wiese nach oben.

Dort, wo die Kraft der Erde einen kühnen Schwung, vom Berg herabkommend, macht (in der Sprache des Feng Shui: die Kraft des Drachen verläuft), da ist ein deutlich sichtbares Tor errichtet worden. Gehen Sie hin! Spüren Sie die Kraft der Erde, die Sie Ihnen schenkt.

Nun, nach so viel positiver Drachenkraft, wissen wir ungefähr, wie der Fluss der Energie verläuft. Blicken wir den Berg hoch, ist es fast, als könnten wir die Schlangenenergie wie einen sich windenden Fluss auf uns zukommen sehen …

Wer sich vom Berg angezogen fühlt, der sollte hinauf.

Bald schon zeigt nach einem Tiergatter ein Wegweiser nach links: Kapelschlucht (im Winter wegen Eisgefahr nicht begehbar). Wer zur Frühlings-, Sommer- oder Herbstzeit den Weg gehen will und dabei zumeist dem munter plätschernden, Luft und Gemüt reinigenden Gebirgsbach lauscht, der soll dies tun. Er besteigt dann den Berg, das so genannte Hörnle, von Süden her in ca. einer Stunde.

Mir persönlich war der Weg halb rechts geradeaus lieber, denn dieser führt über halbsteil ansteigende Almwiesen, die von heilenden Punkten nur so gesegnet sind. Überall Rinnsale, feines Plätschern, Fließen, das an Loslassen erinnert.

Jeder soll hier seinen Ort finden. Der rechte Ort gibt sich für den, der ehrlich sucht, zu erkennen. Haben Sie ihn gefunden, dann legen Sie sich ins Gras und danken Gott. Und über Ihnen scheint der herrlich stahlblaue, weiß gefiederte Föhnhimmel zu antworten.

Ausgangspunkt: Kapel, weiße Kapelle, von weither sichtbar, an einem vorgelagerten Südhang des so genannten Hörnle.
Länge: ca. 5 km (Aufstieg zum Hörnle-Gipfel), aber auch weniger, je nachdem, wo ein idealer Ort sich findet.
Anstieg: ca. 1000 m.
Einkehr: Unterammergau oder Oberammergau; verschiedene Möglichkeiten.
Anfahrt: München, Autobahn Garmisch, Murnau rechts ab, durch Murnau, Richtung Oberammergau, kurz vor Unterammergau links in die Wiese hinein. Kapelle gut sichtbar.

4
Der Auerberg bei Marktoberdorf

Das Wissen der Kelten um die Erdenergie

Der Auerberg, an der Grenze zwischen Schwaben und Oberbayern, ist von Sagen umwoben und steckt voller Geheimnisse. Dieser Kraftort wurde immer wieder von Menschen empfohlen, die hier in der Umgebung leben. »Du willst über magische Orte und Pfade Bescheid wissen und kennst den Auerberg nicht ...«

Also hin.

Bei der Molkerei in Bernbeuren beginnt ein magischer Rundweg, der es wahrhaft in sich hat und der uns mehrfach zu Stätten der Vergangenheit führt, Ritualplätzen, deren heute noch sichtbare Relikte beweisen: Die Kraft der Erde wirkte hier schon immer und sie wurde auch immer schon von Wissenden erkannt!

Nach einigen hundert Metern Aufstieg Richtung Auerberg kommt der erste handfeste magische Platz: Ein Kreuz links vom Weg aus sehr altem, verwitterten Holz, umgeben von altem Baumbestand, markiert ihn. Bleiben Sie stehen, kommen Sie zur Ruhe und spüren Sie die Kraft.

Ein wissend platziertes Kreuz in der Landschaft bedeutet die ideale Pfählung. Das heißt, die weibliche, die erdende Energie wird nach oben geleitet und so der männlichen Energie erschlossen.

Es steckt so viel hinter den Dingen! Wie viele Wanderer gehen an einem Wegkreuz vorbei, wundern sich vielleicht noch, wie gut es in die Landschaft passt, denn wenn die Vertikale im rechten Maß zur Horizontalen steht, wenn die Pfählung stimmt, ergibt sich stets visuelle Harmonie.

Vom Kreuz steigen wir weiter nach oben; wir befinden uns noch immer an der Südseite des Auerberges. Dann öffnet sich der Raum in wunderbarer Weise und zwischen freiem Feld, Waldrand und Südhang lädt eine Sitzgruppe zum Verweilen ein.

Wenn wir ausgeruht sind, untersuchen wir die Erdwälle, vor allem da, wo der Wald beginnt, und entdecken eine keltische Wallanlage, eine sehr klug angelegte Vierecksschanze, die man leicht übersehen kann.

Der Ort ist ein Geheimtipp für Sucher und Finder magischer Orte und Pfade! Diese Keltenschanze hat, wie jede andere auch, ein Tor nach Süden, in dem Falle Südosten. Im Inneren ist die Temperatur gut zehn Grad wärmer (Keltenschanzen sind allesamt Wettermaschinen und beeinflussen die Thermik).

Feuerstellen im Wald zeugen davon, dass die Menschen heute intuitiv das tun, was hier seit Urzeiten getan wurde: denn der Wald hier ist auch eine Opferstätte. Dies ist Vermächtnis der Kelten an diesem Ort, denn sie wussten um die magischen Kräfte, haben sie hier erkannt und genutzt, magische Pfade wurden nutzbar gemacht und auch rituelle Opfer fanden statt.

Wir wandern weiter nach oben und entdecken, etwa an der Stelle mit dem Holzzaun, deutlich sichtbare Reste der Römerwälle. Sie ziehen sich in ostwestlicher Richtung über den Hang, schützten also vor aufsteigenden Feinden. Holzschilder weisen uns heute den Weg, wie wir die Wälle finden. Denn hier, 1055 Meter über dem Meeresspiegel, hat sich dereinst ein Militärlager der Römer befunden. Sie besetzten an diesem Südabhang Südbayerns die größte keltische Wehranlage mit vermutlich 16 000 Mann! Mit der Unterwerfung der Kelten war auch deren weit reichendes Wissen dem Untergang geweiht.

Über jene so genannten Heldentaten der Römer gibt es viel zu lesen, auch in der nahen Gaststätte findet sich eine kleine Ausstellung über Grabungen, Funde, Historie.

An einem solchen Ort der Kraft fehlt auch nicht die christliche Annäherung: Den Berggipfel krönt eine St.-Georgs-Kirche. Der heilige Georg reitet hoch zu Ross über den Drachen hinweg und sticht ihn mit der Lanze, meist mitten ins Herz. Hinter der christlichen Deutung, das Gute besiegt das Böse, steckt eine uralte Erfahrung: Die männliche Energie pfählt die lange schon vorhandene weibliche Energie. Für jeden Kenner der Geomantie ist Georg der Fixierer und wissende Öffner der Erdkraft. (Geo-rg, Geo-logie, Geo-grafie, Wortstamm *gaia* = Erde.)

Wer den Über-Blick sucht, im wahrsten Sinne des Wortes: Die Aussichtsplattform von St. Georg, vom Kirchturm aus begehbar, ist ein Muss. Der Blick nach Süden über die Alpen öffnet sich unendlich weit.

Wer überleben will, geistig, spirituell und auch körperlich, der darf niemals den Überblick verlieren.

Der Auerberg und die vielen Erlebnismöglichkeiten bringen uns unserer Vergangenheit näher, die Kraftplätze zu uns selbst. Je mehr wir bei uns selbst sind, desto weniger leicht verlieren wir den Überblick.

Ausgangspunkt: Bernbeuren, die ortsbekannte Molkerei.
Länge: ca. 3 km, 2–3 Stunden, mit vielen Verweilpausen.
Anstieg: Etwa 600 m Höhendifferenz.
Einkehr: Wirtshaus Auerberg direkt neben der St.-Georgs-Kirche. Guter Kuchen.
Anfahrt: München – B 12 über Kaufbeuren nach Marktoberdorf, dann immer Richtung Füssen, an Sulzscheid vorbei, bis Rieder. Nun nach Stötten, Salchenried. Hier scharf links ab statt geradeaus Richtung Bernbeuren. Nun nochmals links nach oben zur Molkerei.

5
Die Templerkirche in Altenstadt

Reinigender Glückspfad und Gottesburg der reinen Begegnung

Wir werden ein Juwel des frühmittelalterlichen Kirchenbaues besuchen, echte und unverfälschte Romanik, die übrigens in Süddeutschland recht selten anzutreffen ist. Dazu wandeln wir auf Wegen der Heilung und des Schutzes …

Altenstadt ist ein Leckerbissen für Eingeweihte. Mit seiner wuchtigen und überraschend monumentalen Kirche hoch auf dem Berg, die auf das Wissen und Wollen der Tempelritter zurückgeht, war der kleine Ort schon immer Anziehungspunkt für Menschen mit feiner Wahrnehmung.

Bevor wir uns dieser Kraft aussetzen, sollte das Herz gereinigt werden, ebenso wie die Seele. Das ist wenige Kilometer vor der hochspirituellen Gottesburg bei einer Kapelle möglich: Auf der Straße Richtung Schongau fällt vor Sachsenried rechts neben der Straße auf einer kleinen Anhöhe eine eigenartige Kapelle auf. Schon führt ein geschwungener Weg nach oben. Am besten stellen Sie das Auto ab und gehen die wenigen Meter zu Fuß nach oben. Die Kapelle wirkt augenblicklich auf die Seele, sie nimmt sofort jedweden Trübsinn: ein Ort des Geborgenseins und Beschütztwerdens. Hier wird nie einem Menschen etwas passieren. Eine eigenartige Fröhlichkeit und Linderung erfassen den Besucher, trotz eines leidenden, gefesselten Christus, der in der Altarnische steht.

Die Inschriften zeigen, dass dieser Eindruck nicht täuscht, dass diese Leichtigkeit der Seele hier gewollt ist: Der leidende Christus will an ganz exakt jener Stelle dem Besucher sagen, dass, wie groß Schmerz und Verwundung auch sein mögen, es ein Leid gibt, das noch größer ist: sein Leid, und dass er, Christus, der alle Sünden auf sich genommen hat, gerne bereit ist, unser Leid mitzutragen. Der Anfang einer Inschrift lautet:

»O mühe dich nicht
der Welt zu zeigen,
wenn tief verwundet ist dein Herz.
Sie wird es nur noch tiefer beugen.«

Eine recht bedenkenswerte Aussage. Natürlich fehlt dann nicht der Hinweis: »Der liebe Gott versteht dich schon, sage es ihm ganz persönlich, sprich bei ihm aus, was dich drückt und verunsichert.«

Von dieser wunderbaren kleinen Kapelle gehen wir, seelisch erquickt, geradewegs nach Süden. Eine Höhe nimmt uns auf, die erhebender nicht sein kann, das liegt an einer unbeschreiblich positiven Energie, die sich bis zu einer kleinen Bank hin stetig steigert. Selten bin ich einen vergleichbaren Glückspfad entlanggeschritten. Vor uns die gesamte Alpenkette, wahres Crescendo aus weißen Schneegipfeln, und in der näheren Umgebung grüßen weitere Anhöhen dieser sehr spirituellen Umgegend Schongaus.

Es wird bald klar, dass hier eine Art Sender-Empfänger-Spiel stattfindet. Sind wir Sender? Sind wir Empfänger? Das kann durchaus variieren, je nach persönlicher Einstellung und Ausrichtung, wie bei einem Radio.

Eine Bank an genau der aufgeladensten Stelle trägt eine Inschrift: »Auf dem Köbel, 867 Meter über dem Meer.«

An diesem Ort, etwa einen Meter rechts von

der Bank, scheint die Kraft aus einem kilometerbreiten Radius direkt in uns hineinzufließen. Stellen Sie sich locker und entspannt hin und spüren Sie, was mit Ihnen passiert.

Von der Bank aus gehen wir nach links, also Richtung Osten, hin zu einem heilenden Kreuz. Es ist ein Strahlenkreuz aus festem Schmiedeeisen und in Stein eingelassen. Als Rückweg zum Auto empfehle ich: am besten querfeldein über die Wiese. Kraft, Energie fließt plötzlich durch die Füße in uns hinein. Kraft, die in unserem Körper nach oben steigt und die Erde durch uns Menschen mit dem Himmel verbindet. Es ist eine hebende, gesund machende Energie!

Nach dieser Herz und Gemüt hochtragenden Reinigung der Seele fahren wir die wenigen Kilometer nach Altenstadt.

Dort, kaum im Ort angekommen, sollten wir das Auto möglichst bald abstellen, damit die monumentale gotische Kirche, die viel von einem Dom hat, zu Fuß erwandert werden kann. Und da! Nach einigen hundert Metern erhebt sich der Bau aus dunklem Tuffstein vor unseren Augen.

Was für eine Energie! Dem Kenner ist sofort klar, dass diese hoch-wirk-same Gesteinsanordnung in Form einer frühen romanischen Kirche von Wissenden an der richtigen Stelle errichtet worden ist. Einweihungswissen.

Altenstadt ist das ehemalige Schongau und liegt bereits seit frühester Gründung an ausgewiesenem Ort: an der heute teilweise noch erhaltenen Römerstraße Via Claudia.

Grabfunde belegen hier, dass genau an der Stelle, wo die heutige Kirche steht, kultische Handlungen vorkamen.

Mitte des 12. Jahrhunderts wurde dann die jetzige Gottesburg errichtet, zur Zeit der Kreuzzüge und des Templerordens.

Bei dem Tuffquaderbau scheint jeder einzelne Stein magisch ausgerichtet zu sein. Messungen bestätigen das. Was für Baumeister, Meister des Wissens waren damals am Werk!

Diese angewandte und anhaltend wirkende Kenntnis um die rechten Abmessungen und richtigen Verhältnisse der Maße in dieser Kirche ist frappierend. Das Mittelschiff etwa ist doppelt so hoch und so breit wie das Seitenschiff, die Länge des Schiffs ohne Chorraum beträgt 29,32 Meter und entspricht der Höhe der Türme ohne Dach. Die Höhe der Apsidendächer beträgt jeweils ein Drittel der Gesamthöhe …

Betrachtet man den Grundriss und die Abstände der tragenden Pfeiler, ergibt sich (wenn man eingelesen ist) schnell und präzise eine heilige Geometrie. Diese muss man jedoch nicht kennen, um die Energie dieses Ortes zu fühlen und in sich aufzunehmen. Das Wissen, mit dem die Kirche gebaut wurde, ist allgegenwärtig. Und jeder Besucher kann darin den Platz finden, der ihm und seiner momentanen Lebenssituation entspricht.

Ein besonderer Platz ist auf alle Fälle das Taufbecken, eine steinerne Gralsschale im linken Seitenschiff. Hier wird die Kraft im wahrsten Sinne überirdisch: linksdrehende Energie, die heilend ist, aber auch gefährlich für den, der nicht recht damit umzugehen weiß. Bleiben Sie stehen, wenn Sie das Gefühl haben, der Platz tut mir gut. Ansonsten finden Sie einen anderen, der Ihnen mehr entspricht. In diesem Gebäude ist der ganze Kosmos präsent.

Wer seinen idealen Partner kennen lernen will, der möge diese Kirche besuchen. Maria hilft bei diesem Wunsch ebenso wie Michael, der Engel des Schutzes und der reinen Begegnung. Wer in dieser Kirche betet, der ist der Kraft Gottes sehr nah.

Ausgangspunkt: Altenstadt, irgendwo. Es ist gut, in dem kleinen Ort die Kirche zu Fuß zu erwandern.
Länge: Hier je nach Geschmack. Um die Kirche breitet sich ein Kraftfeld aus, das jeder selbst finden kann.
Anstieg: Keiner.
Einkehr: Pizzeria in Altenstadt.
Anfahrt: Ab München, Autobahn Lindau, bis Buchloe. Hier Richtung Süden abzweigen (Richtung Schongau). Jengen, Ketterschwang, Osterzell, Sachsenried, Altenstadt.

6
Die Hardtkapelle über dem Ammersee

Ein Einweihungsweg auf einem alten Drachenpfad

Im Jahre 1653, am 21. März, ging der damalige Pfarrer von Pähl zu der Stelle, die wir finden wollen, der so genannten Hardtkapelle nämlich, allerdings wandelte er von Pähl aus und somit von der anderen Richtung kommend wie wir.

Da, wo heute im Wald die romantisch zwischen den Bäumen gelegene kleine Kapelle sich direkt am Wegrand erhebt, lauerten ihm Menschen mit böser Gesinnung auf. Er wehrte sich, so gut es ging, wurde allerdings ermordet. Deswegen errichtete sein Bruder bald an eben der Stelle eine Kapelle.

Der Ort, auf dem dies Kirchlein steht, ist, trotz der Schönheit und vordergründigen Anmut, immer noch mit dem Fluch der bösen Tat belegt (was eigenartig ist, denn die Marienenergie an diesem Platz sollte längst Abhilfe geschaffen haben). Für jeden wirklich Feinfühligen bleibt diese negative Energie des Platzes deutlich spürbar. Aber vor allem auch die positive Kraft ist da, die Schwingungen des Lichts und der Lebenskraft, wohl wissend, dass alles seine Entsprechung hat.

Gleich beim Aussteigen auf dem Parkplatz »Schöne Aussicht« bei Pähl nimmt uns die Weite der Landschaft ringsum positiv gefangen, wir blicken auf den See vor uns hinab und sehen auf der anderen, nordöstlichen Seite den wuchtigen Kirchturm von Erling sich eigenartig geduckt an die Erde kauern. (Erling nimmt die gesamte negative Energie der nach Andechs Pilgernden auf. Das ist nötig, denn im Kloster wollen die Menschen frei sein für ihre Anliegen. Und wer vom Leid oder seinen Leiden befreit werden will, der muss diese negativen Energien irgendwo lassen. Dieser Tatbestand ist allerdings kaum einem Pilger bewusst. In Erling häufen sich immer schon Fälle von Depression und Krankheit, wie Einheimische berichten.)

Wir aber genießen nochmals den Rundblick, sehen im Süden die Alpenkette, die sich an föhnhellen Tagen majestätisch aufbaut, und beginnen nun unsere Wanderung, dem hölzernen Hinweisschild mit der Inschrift »nach Pähl« folgend, auf den Wald zu, der sich über die Moräne in südlicher Richtung zieht.

Diese Moränen des Voralpenlandes sind alle stark mit Wachstumsenergie geladen, jeder Blick auf Baumwuchs, Vegetation und die Tierwelt bestätigt dies. Zudem befinden wie uns schnurgerade auf einer Verbindungslinie (Schlangenlinie, Drachenpfad, Leyline) mehrerer entscheidender magischer Orte.

Was ist eine solche Kraftlinie? In der Wissenschaft der Geomantie, also der Lehre von den Kräften der Erde, der Lehre von den Kräften, der Magie des Ortes und Schwingung des Platzes oder Feldes wird einerseits starkes Gewicht auf die Bedeutung der Vertikale (Türme, Pfähle, Antennen, Bäume etc.) gelegt, daneben jedoch auch auf die Zeitdimensionalität der Linie, also der Aneinanderreihung von Objekten auf Kraftlinien.

Durch diese Reihung entsteht eine besondere Kraft und Energie. In England werden solche Linien »Leys« genannt. Dem geschulten Seher solcher Leys fällt auf, dass die so genannte Drachenenergie, also die erdende, weibliche,

Leben spendende Energie, stets in irgendeiner Weise durch vertikale Pfähle zugänglich gemacht wird.

Seit dem Christentum häufen sich auf solchen Linien Kirchen, Kapellen oder Statuen mit Drachentötern: Diese sind St. Michael, St. Georg, St. Margarete und einige mehr.

Das Urmotiv des Drachenpfades hat auch viel mit dem so geheimnisvollen Gralsmythos zu tun. Die pfählende Kraft tritt uns in diesen großartigen, archetypischen Erzählungen als Lanze entgegen. Oder als das Schwert Excalibur, das in der Erde steckt. Kein Wunder also, dass die Ritter der Tafelrunde so lange und verzweifelt suchen. Wonach? – Und vor dem Hintergrund dieses Wissens ist es nur logisch, dass derjenige Ritter das Schwert aus der Erde zieht, also das Weibliche erlöst, der die Zusammenhänge durchschaut.

Setzen wir den Weg auf diesem ausgewiesenen Drachenpfad fort.

Wir kommen zu einer Weggabelung und folgen dem Wegweiser, der uns Richtung Hardtkapelle weist. Die eigenartigen Gräben links erinnern an eine Keltenschanze. Bald lichtet sich der Wald. Wir treten aufs freie Feld und sehen hinab auf Raisting mit den imponierenden dreizehn (!) Satellitenschüsseln. Ein kosmischer Ein- und Abstrahlungsort, der heftig mit dem Platz kommuniziert, auf dem wir gerade stehen!

Der Weg, den wir hier gehen, hat viel von einem Einweihungspfad. Die Buchen, die nun auftauchen, sind von selten zu sehender Stärke und Gesundheit.

Dann, recht unvermutet inmitten des lichten Mischwaldes, steht sie plötzlich da, die gesuchte Hardtkapelle. Ihr Anblick ist äußerst liebenswert.

Es handelt sich um eine Madonnenkapelle und tatsächlich nimmt die große Muttergottesstatue durch ihre positive Energie gefangen. Ausgenommen einiger schwarzer Madonnen, gibt es auf der ganzen Welt keine Maria, die nicht ausschließlich aufladend, lebens-bejahend wäre!

Spannend an diesem Ort ist, dass neben dieser positiven Kraft, wenngleich auch ganz fein, noch die negative Kraft wahrnehmbar ist wie anfangs beschrieben. Dies ist ein guter Ort, um die eigene Wahrnehmung zu schulen und zu verfeinern. Auf dem Einweihungspfad zurück zum Auto laden viele Plätze ein, dass wir unsere Verbundenheit mit allem erspüren. Für jeden gibt es seinen ureigenen Platz auf seinem ureigenen Weg.

Ausgangspunkt: Parkplatz »Schöne Aussicht«, Nähe Erling.
Länge: ca. 4 km einfach, insgesamt 2–3 Stunden, mit Verweilen.
Anstieg: Keiner.
Einkehr: Erlinger Hof oder Kloster Andechs.
Anfahrt: München – Herrsching – Andechs. Vor Andechs nach einer lang gezogenen Linkskurve rechts ab, Richtung Pähl. Nach 100 m ist der Parkplatz links auf einer Anhöhe.

7

Die Waldkapelle von Zell bei Neufahrn

Heilende Energie auf einer prickelnden Wiese

Neufahrn, links der Isar, liegt in einer harmonisch sich in die Gesamtlandschaft schmiegenden Senke auf dem Höhenrücken zwischen dem nördlichen Ostufer des Starnberger Sees und dem wunderbaren Isartal bei Schäftlarn.

Auf diesem idyllischen Flecken Erde gab es schon in grauester Vorzeit Menschen, die hier lebten, die Viehzucht trieben, Getreide anbauten und um die Kräfte der Erde Bescheid wussten. Neufahrn ist, so wird vermutet, nicht nur älter als München, sondern auch älter als das nahe Kloster Schäftlarn. Der Name »Niuvarn« bedeutet etwa »die neuangesiedelte Sippe«.

Die Waldkapelle erreichen wir, wenn wir in Neufahrn Richtung Zell fahren. Wünschelrutengänger sollen beim Besuch der Waldkapelle ihr Arbeitsgerät nicht vergessen, denn dieser Ort ist einmalig und wird von Spezialisten aus der ganzen Welt aufgesucht. Die Kapelle war ursprünglich, so erzählte ein Bauer, direkt an der Straße von Neufahrn nach Zell gelegen. Fließende Energie also!

Wenn wir diese Kapelle gefunden haben, dann erübrigt sich ein längerer Weg irgendwo anders hin, denn die Wiese rechts von der alten kleinen Kirche hat Energien der ganz besonderen Art, sehr gut erspürbare Kräfte, die einen Nachmittag voll beanspruchen.

Zunächst jedoch zum Eingangsbereich. Hier in der Kapelle gibt es eine Stelle, die unter Fachleuten wegen ihrer reinen Energie als »Diamant« bezeichnet wird. Ich habe sie kurz vor dem Altar ausgemacht, da schoss die Rute, wie von Zauberhand bewegt, nach oben. Die Madonna über dem Altar ist von elf (!) Sternen umrahmt. Ihre mütterliche Energie ist spürbar. Und ihre Fingerhaltung kann uns Anleitung für eine kurze Meditation in der Kapelle sein.

Und ein noch größeres Kraftfeld liegt, wie so oft in solchen Bereichen, nicht da, wo alle es vermuten … aber unmittelbar daneben!

Es ist eine Stelle außerhalb des Kapellchens, vom Eingang aus rechts zu finden, in der Nähe einer mächtigen und unglaublich wuchtigen Buche, die einen Umfang von sechs Metern aufweist und die vielleicht schon zur Bauzeit der Kirche hier eingepflanzt worden ist.

Was hat dieser Baum alles erlebt? Wer dies erfahren will, braucht die Buche nur zu fragen. Sie gibt Antwort, wenn die Frage ernst und heilig ist.

Nehmen Sie die Buche in den Arm, lassen Sie das Wunderwesen sprechen. Fühlen Sie die Kraft dieses alten weisen Baumes. Und dann suchen Sie auf der Wiese nach dem Ort der stärksten Energie für Sie. Mit einer Wünschelrute ist es einfacher. Und die unterhaltsame Mühe lohnt sich.

Man muss hier gestanden sein, auf dieser energetisierten Wiese, und man muss das Kribbeln in den Fußsohlen verspürt haben, dann weiß man auch, was ein energetisches Feld ist, in welcher Richtung sich Energien bewegen. Hier neben der Kapelle sind sie übrigens rechtsdrehend.

Die Kapelle wurde errichtet, um die Ansteckung mit der Pest zu verhindern, nachdem im Jahre 1634 die Mehrheit der Neufahrner dem schwarzen Tod zum Opfer gefallen war. Hieraus geht schon hervor, dass der Ort heilende Energie ausstrahlt und mitgibt. Ein guter, ein positiver magischer Platz, den auch Menschen leicht erspüren, die ihre feinere Wahrnehmung noch nicht so geschult haben.

Ausgangspunkt: Zell bei Neufahrn.
Länge des Weges: Hier nicht nennenswert. Der Pfad bewegt sich im Wesentlichen auf einer großen Wiese.
Anstieg: Keiner.
Einkehr: Gaststätte Wacholder in Neufahrn, herrliches Essen, sehr spirituell eingerichtet.
Anfahrt: München – Schäftlarn – Neufahrn – Zell.

8
Die Madonna von Bernried

Der Weg zum eigenen Herzen

Über dem Starnberger See tobte dereinst ein schweres Gewitter. Wütend zuckten weiße Blitze, trocken explodierte die entzündete Luft in kantigem Donner, voll von unbändiger Wut und mit dem Urinstinkt der Suche nach einem Opfer klatschten meterhohe Wellen an die brüchigen Ufermauern am Westufer des Sees. In Bernried geschah dies, da, wo heute die liebliche kleine Seekapelle zu finden ist.

Das Wasser des sonst so malerischen Voralpengewässers lag schwarzgrün in dem uralten Becken, das dereinst unbändige und mit der Kraft und Zeitlosigkeit ewigen Eises versehene Gletscherausläufer in die Landschaft getrieben hatten. Die Wassermassen brodelten, als ob ein gigantischer, vom Feuer des Bösen genährter Kocher sie erhitzte.

Dann ward plötzlich alles ruhig. Still und

königlich lag der See wie immer in seinem von Ewigkeiten angewiesenen Bett, die klare und gereinigte Luft spiegelte sich in der glatten Oberfläche. Lautlos glitt ein Vogel durch die Luft.

Als jedoch die Fischer ans Ufer traten, da sahen sie eine wunderschöne Madonna, die still im friedlichen Wasser trieb und die der Sturm der vergangenen Nacht hierher geschwemmt hatte. Sogar aus einiger Entfernung war nicht zu übersehen, dass diese Marienstatue von überwirklicher, überirdischer Schönheit war. Die Fischer standen da und dachten nach. Behutsam leckten feine Wellen an den Bohlen des Steges und zerliefen sich friedlich an Uferkieseln. Man konnte diese eigenartige und unverkennbare Melodie hören, die erklingt, wenn sanfte Wellen Kiesel gegeneinander reiben. Sie singen wie feine Glocken.

»Wir wollen diese schöne Madonna in unserer Pfarrkirche aufstellen!«

»Ein Geschenk des Himmels ist sie!«

»Und viel schöner als die alte Madonna ...«

So dachten die Fischer und vergaßen darüber, dass die alte, die gotische Madonna in der Hofmarkskirche schon viele Wunder bewirkt hatte, zumeist Wunder der Heilung. Wie oft waren sie zu ihr gegangen und hatten Schutz und Hilfe erfleht!

Jetzt, da der Sturm die überirdisch schöne Maria angeschwemmt hatte, da sollte die alte, die bewährte Gnadenstatue abgeschoben werden! In die Seekapelle am Ufer! Gesagt, getan.

Doch dann geschah täglich ein Wunder: Entweder stand die gotische Madonna tränenüberströmt in der Seekapelle, wo sie nicht hinwollte, oder sie kehrte über Nacht an ihren angestammten Platz in der Hofmarkskirche zurück.

Schon von weitem ist der behäbige, dickliche Turm der Bernrieder Pfarrkirche zu sehen. Er fügt sich so harmonisch in die Landschaft, dass man meint, er sei zusammen mit Oberbayern erschaffen worden. Wenn wir die kunstgeschichtlich wertvolle Kirche betreten, finden wir links in einer Seitenkapelle die streng aussehende gotische Madonna, die nach so vielen Wundern wieder an ihren alten Platz gebracht worden war. Zugegeben, es gibt lieblicher anzusehende Marienfiguren, das ernste Aussehen dieser Gottesmutter liegt jedoch auch in der frühen Zeit der Entstehung begründet. Zudem hat die Holzstatue eine ausgesprochen hohe Schwingung, ja, nahezu eine heilige Vibration; sie ist »hochgebetet«, was für viele Wunderbildnisse typisch ist: Ein Gegenstand, der über Jahrhunderte verehrt und angebetet wird, verändert seine energetische Konsistenz.

Von der Pfarrkirche gehen wir nun zu Fuß hinunter zum See, immer in Richtung des Dampfersteges. Direkt gegenüber liegt übrigens Ambach, wir erblicken die typische Anhöhe von Holzhausen mit dem Kirchturm, jenem Ort, da die tausendjährige Linde stand, die ebenfalls eine Marienfigur in sich geborgen hat (heute eine kleine Gedächtniskapelle; für Sucher und Genießer magischer Orte und Wunderstätten ein Muss!).

Wir wenden uns vom Dampfersteg Bernried aus nach rechts und gehen an der hohen, weiß getünchten Schlossmauer entlang. Da dauert es gar nicht lange und wir stehen vor der kleinen Kapelle.

Zunächst staunen wir über deren Bescheidenheit. Ist sie doch nichts anderes als ein eingebauter Turm in der Gartenmauer des Klosters, der im Jahre 1684 errichtet worden ist.

Und darin finden wir tatsächlich über dem Altar die unglaublich schöne Madonna der Sage. Es ist eine frühbarocke Arbeit, in leuchtenden Farben bemalt, eine wahrlich wundervolle Figur, die beim gläubigen Volk immer schon »die liebweinende Frau am See« genannt wird.

Noch viel Interessantes gibt es an und um diese Kapelle zu entdecken und zu beschreiben. In ihrem Giebelfeld steht hinter einem Gitter die Statue des heiligen Johannes Nepomuk. Er ist der Patron der Gewässer und Brücken.

Auf der Tafel über dem Türsturz ist hier ein Kanon »Ave Maria« von Mozart eingegraben. Die Jahreszahl 1813 und der Name J. Glück geben uns davon Kunde, dass in diesem Jahr der Bernrieder Pfarrer Josef Glück den Kanon in Stein stechen und hier anbringen ließ.

Für Musikfreunde sei angemerkt: Josef Glück, geboren im Haus Nr. 3 Reitweg (jetzt Hoiß), war bei der Klosteraufhebung der jüngste Chorherr gewesen, damals mit dem Namen Geikulanus. Von 1806 bis 1818 war er damals Pfarrer in Bernried. Aus einem Druckwerk des Mozartkanons entnahm er dann den »Canon a 4 pas comp. Mozart«. Manche behaupten gar, dass Wolfgang Amadeus Mozart den Kanon in Bernried für die Augustiner-Chorherren komponiert habe. Dies ist jedoch nachgewiesen eine Legende. – Eine sehr schöne Legende indes, die gut hierher passt und die der Gesamtstimmung um dieses Wunderkapellchen herum ein poetisierendes Krönchen aufsetzt!

Wer sich mit Erdenergien auskennt, wird lange vor dem romantisierenden Bauwerk, das eigentlich ein Mauerturm ist, verweilen. Die Kraftlinie verläuft direkt der Schlossmauer entlang, weshalb die Mauer vermutlich auch hier gezogen wurde. Die Madonna im Inneren des wirklich kleinen, fast puppenhaften Sakralraumes ist eine Pieta, also eine trauernde Maria mit dem toten Jesus-Sohn auf dem Schoß. Sie ist in ihrer stillen und in ihrem Schmerz versunkenen Andacht tatsächlich wunderschön.

Ich hatte das Glück, mit der Nonne zu sprechen, die für die Pflege der Kapelle zuständig ist:

»Ist dies hier die der Legende nach angeschwemmte Madonna?«

»Gewiss.«

»Und oben in der Kirche die gotische Madonna … Handelt es sich bei dieser dann tatsächlich um die liebweinende Wunderstatue?«

Die in Schwarz gekleidete Nonne, an der weiße Aufschläge blitzten, lachte das Lachen des Himmels: »Die echte Wundermadonna, die gibt es wirklich. Sie steckt aber ganz woanders!«

»Wo?«

Wieder das Lachen: »Das muss jeder in seinem Herzen selbst herausfinden.«

Mit solchen Gedanken gehen wir südwärts, finden den Bernrieder Park und dazu immer wieder herrliche Naturtempel, zumeist starkstämmige Buchen, die in magischer Kreisformation angeordnet sind. Inmitten solcher Baumkreise lässt sich's herrlich meditieren: Wo mag die echte »liebweinende Madonna« stecken? Vielleicht wirklich im eigenen Herzen? Wo und wie lässt sie sich finden?

Der Glaube zeigt den Weg.

Wir können uns auf eine der malerisch angeordneten Bänke direkt am See setzen, möglichst entspannt und doch aufrecht. Dann versuchen wir, den Weg, den wir im Außen gegangen sind, noch einmal in unserem Inneren nachzuvollziehen. Tatsächlich wird meditierend und sich-versenkend klar, dass der Weg des Pilgers ein Weg in sich selbst hin zu Gott ist.

Die Gottesmutter ist an allen Stellen dieses alten Wunderweges ganz nah. Und am Fest Mariä-Himmelfahrt, also am 15. August, zieht alljährlich die abendliche Lichterprozession betend und singend hier vorbei.

O Maria hilf! O Maria hilf!
O Maria hilf auch mir!
Ein armer Sünder kommt zu dir!
Im Leben und im Sterben –
Lass uns nicht verderben!
Lass uns in keiner Todsünd sterben!
Steh uns bei im letzten Streit!
O Mutter der Barmherzigkeit!
O Maria hilf!

Ausgangspunkt: Bernried. Platz vor der Kirche oder Parkplatz beim Buchheim-Museum. Von hier aus kurzer Weg über eine Wiese zum See und zur Kirche.
Länge: Vielleicht 1–2 Kilometer. Je nach Verweildauer. Ein besinnlich-musischer Weg ohne körperliche Anstrengung.
Anstieg: Keiner.
Einkehr: Am besten in Unterzeismering, unmittelbar nördlich benachbart. Schöner Biergarten im Sommer. Möglichkeiten auch in Bernried.
Anfahrt: München – Starnberg. Hier rechts um den See herum von Feldafing über Tutzing nach Bernried.

9
Die Quelle von Leutstetten

Heilendes Wasser an einem alten Ritualplatz

Der nun beschriebene Ort ist mir schon seit vielen Jahren bekannt und lieb. Er dient mir immer zur seelischen Reinigung; darüber hinaus zieht die Schönheit des aus dem Hang dringenden, kühl-klaren Quells tatsächlich jedermann in den Bann.

Nicht nur die Stelle selbst, an der das kühle Wasser glucksend und sprudelnd aus der Erde dringt, ist rund ums Jahr liebevoll geschmückt und zeigt die Spuren von Ritualen: Ritualen der Naturverehrung, Ritualen für Quellgeister, die hier wohl eher zur Nachtzeit stattfinden müssen. Nein, die gesamte Umgegend ist von besonderer Energie und ein alter Kultplatz der Kelten.

Bei einer Führung im Sommer 2001, die ich für die Leser einer großen Tageszeitung abhielt und die eine überraschend hochgebildete Schar von Interessierten anzog, erfuhr ich von einer geheimnisvollen Frau, die plötzlich in unserer Gruppe stand (sie gehörte nicht zu der Führung), folgende aufregende Geschichten:

»Es treffen sich hier einmal im Jahr schwarz vermummte Gestalten ...« – Sie stockte. »Ich habe sie einmal angesprochen, doch es ist kein Wort aus ihnen herauszubringen.«

»Woher wissen Sie das?«, fragte ich vor der Gruppe, die so still geworden war, dass man hätte eine Stecknadel fallen hören. Nur das Wasser plätscherte neben uns.

»Ich wohne hier, gleich da vorn in diesem kleinen gelben Schloss.«

»Ah?«

»Wissen Sie, dass gleich hier in der Nähe früher eine Hinrichtungsstätte war?« Bei diesen Worten zeigte sie auf den der Würm gegenüberliegenden Hang, etwas flussabwärts.

Ich wusste es tatsächlich nicht.

»In der Nacht traut sich keiner von uns mehr hierher. Ich habe von Ihrer Führung in der Zeitung gelesen und jetzt wollte ich mehr erfahren.«

Tatsächlich war es nun jedoch so, dass sowohl ich als auch die sehr vorgebildete Gruppe von der weisen Frau belehrt wurden. Und wie sie gekommen ist, so war sie auch plötzlich wieder weg. Leider habe ich sie nie wieder gesehen. Sie blieb wie vom Erdboden verschwunden.

Der Platz, um den es hier geht, liegt im Mühltal. Wenn wir Gauting durchfahren haben, öffnet sich das Feld und wir sehen das vor Urzeiten weit eingeschliffene Tal. Bald verengt es sich wieder und wird landschaftlich auch immer schöner und mystischer. Wir spüren genau: Dies hier ist uraltes keltisches Gebiet, hier herrschen Kräfte, die lange vor dem Christentum schon aktiviert worden sind.

An der Wirtschaft Mühltal fahren wir noch einige hundert Meter an der Würm flussabwärts. Schon kommt rechts die Brücke Richtung »Golfgut Rieden«. Wir überqueren diese Brücke und damit den Fluss und entdecken links einen Weg, der sich westlich dieses archaischen, stillen, urgrünen und fischreichen Gewässers dahinschlängelt.

Hier geht es nun zu Fuß weiter.

Und sogleich wechselt die Stimmung, wir entdecken Heilpflanzen, die es nur hier geben kann, da die dauernde Kühle, der Schatten und der nahe Fluss, aber auch die unterirdischen Quellen solch heilendes Leben speisen.

Wir gehen weiter. Irgendetwas ist hier zu spüren, kraftvoll, bannend, schauerlich schön.

Und die Intuition trügt nicht: Denn plötzlich stehen wir vor einer Quelle, die liebenswerter nicht sein könnte, entspringt sie doch zur Rechten aus dem bewaldeten Hügelrücken. Fröhlich und klar plätschert das Wasser in ein ausgewaschenes, reines Naturbecken. Aus diesem führt wohl ein unterirdischer Wassergang unter dem Weg hindurch, der uns hierher geführt hat. Dann, auf der anderen, von hier aus gesehen linken Seite des Weges, fließt das Leben spendende Wasser, sich weit verzweigend und verteilend, großzügig den Boden tränkend, nach unten, nährt eine satte Auenlandschaft, die schließlich im feuchtgrünen Ufer der Würm einen Abschluss findet. Weiden, Birken, Pflanzen, die Feuchtigkeit brauchen und lieben ...

Der Ort nimmt einen mit. Ich kenne kaum einen magischen Platz, der sich so sehr in die Psyche einhakt.

Davon zeugen auch die Steine des kleinen Quellbeckens, die zumeist mit Teelichtern versehen sind, mit kleinen und liebevollen Geschenken an die hilfreichen Quellgeister und Nymphen. Hier liegen Liebesgaben wie zur Jahreszeit und zum magischen Ritual passende Blumen, manchmal sogar auch Schmuckstücke.

Im weiten Umkreis hängen an den Ästen der Bäume Bänder, weiße, rote oder schwarze, oftmals sind diese auch ineinander verflochten, wobei ein ganz bestimmtes Muster eingehalten wird. Sie symbolisieren die drei Jungfrauen aus der Sage, die hier in der Gegend eine Klause errichtet und Geburtshilfe geleistet haben sollen. Die Kirche hat sie dann als die »drei Jungfrauen von Leutstetten« wieder verwendet: St. Ainpet, St. Girpet, St. Firpet. In der nahen Kirche von Leutstetten sind sie mit ihren rituellen Beigaben abgebildet.

Doch bleiben wir, jenseits von Zeit und Raum, wo wir sind: an der Quelle des Lebens. Wir finden liebevoll gefaltete Papierschwalben, Schmetterlinge, Fantasieschmuck. Und oftmals ist um einen Baumstamm ein Band gewunden. Umarmen Sie diesen Baum und spüren Sie, was in Ihnen passiert.

Genießen sie die Schönheit dieses Ortes. Alles ist hier nach einem sehr feinfühligen Wissen angeordnet, ausgewogen und rituell aufeinander abgestimmt.

Spüren Sie die Kraft der Erde. Die Leben

spendende Dynamik des Wassers. Das Wasser ist stark aufgeladen, aber mild und ausgesprochen wohltuend. Nehmen Sie mehrere Schlucke. Seien Sie sich beim Trinken vollkommen der Heilkraft bewusst.

Danken Sie!

Gehen Sie mit einer Wünschelrute umher. Spüren Sie, wie in Richtung Würm die Kraft zunimmt?

Wie durch ein Wunder wurde die fantastische Stelle nicht längst schon durch eine christliche Kapelle (zumeist steht an solchen Stellen ein Marienheiligtum!) vereinnahmt: Hier können Sie die fröhliche, lebensgebende Erdenergie erleben, genießen und die Heilkraft des Wassers hat schon mehr als ein Wunder bewirkt.

Wenn Sie bei dem glucksenden Quell des Lebens von Glücksgefühlen durchpulst werden, dann haben Sie eine Ahnung, was Glück sein kann. Es ist so einfach. Lassen Sie es zu!

Ausgangspunkt: Brücke über die Würm mit Ortsschild »Golfgut Rieden«, einige hundert Meter flussabwärts nach der Gaststätte Mühltal direkt neben dem Karlsberg.
Länge: Nur einige hundert Meter. Wanderung kann mit Tour 10 und 11 kombiniert werden.
Anstieg: Keiner.

Einkehr: Gaststätte Mühltal.
Anfahrt: München (Planegger Straße südlich, Richtung Starnberg), durch Gräfelfing, Krailling, Gauting hindurch. Bei der Gaststätte Mühltal findet sich am rechten Flussufer bereits eine Parkmöglichkeit. Dann zu Fuß oder mit dem Auto bis zur nächsten Brücke. Sie ist dann der »Ausgangspunkt« (siehe oben).

10

Karlsberg bei Gauting

Ein magischer Steinkreis, der über die Welt erhebt

Schon der Parkplatz in der Nähe der bekannten Gaststätte Mühltal direkt an der bogenförmigen Brücke über die Würm hat etwas von dem, was uns auf der kommenden Wanderung zu einem typischen Kultplatz oben auf dem Karlsberg begegnen und vielleicht auch überwältigen wird: die unaussprechliche Kraft des Ortes!

Wir gehen durch den Biergarten der beliebten Ausflugswirtschaft, sehen links neben uns die Würm einen behäbigen Kreis ziehen und sich unter der dunklen Brücke hindurchschleichen. Indes lenken wir den Schritt nach rechts und steigen, vorbei an einem Hasen-, Karnickel- und Ziegengehege, den steilen Holzsteig nach oben. Bereits hier ändert sich die Stimmung. Die mit auffallend hohen Fichten und Buchen bewachsene Kuppe weitet sich aus zu einem ansehnlichen Berg. Die Neugier wächst.

Da wird es aber auch schon steiler, wer den geschulten Blick hat für magische Orte, wird bereits hier »Wegweiser« entdecken. Rituell ausgelegte Hölzchen, scheinbar belanglos weggeworfen ...

Schon nach wenigen Minuten des Anstieges lohnt der »Blick zurück«: Wir sehen die dunkelgrünen Wasser der Würm und die kreisbogenförmige Schleife, die der Fluss um den Berg herum beschreibt.

Orte, die von Wasser umflossen werden, sind stets magisch durch die fließende Energie. Inmitten der bewegten Energie lädt sich der Kraftplatz unentwegt auf.

Oben öffnet sich ein Plateau über der normalen Welt, im wortwörtlichen Sinne eine höhere Ebene des Seins, die uns gefangen nimmt wie eine gute Filminszenierung. Dies hier ist uralter Kultbereich, der lange schon gewirkt hat, bevor das Christentum bei uns Einzug hielt, und der von Wissenden benutzt wurde.

Da, wo das Hochplateau abgegrenzt scheint und sich nach unten öffnet, entdecken wir besondere Steine: eindeutige Mauerreste der uralten und sagenumwobenen Karlsburg.

Die Sage um diese Burg »sagt« schon alles.

Drei Schlossfräulein lebten hier. Zwei waren weiß, die dritte aber war kleiner und nur bis zum Gürtel weiß, von der Mitte ihres Körpers bis nach unten schwarz! Die drei unglücklichen Frauen baten den Mühlknecht um Erlösung. Er müsse dazu durch neun eiserne Türen gehen. Der Mann wurde dieser bevorstehenden magischen Einweihung jedoch nicht gerecht. Er floh: Die drei Frauen blieben unerlöst!

Und dann sehen wir, indem wir auf dem Plateau eine Linksschleife gehen, in einem Naturtrichter, der an ein überdimensional großes, geöffnetes Keltengrab erinnert, den Kultplatz: einen Ring aus Steinen, etwa mit eineinhalb Metern Durchmesser. Der Schmuck im Zentrum des Kreises entspricht stets der Jahres- und Mondzeit. Für den, der im Erspüren verborgener Kräfte geschult ist, steht von Anfang an fest: Der Ort wurde besprochen.

Der Kreis ist mit roten, schwarzen und weißen Bändern verziert, seine Steine im Zentrum werden immer wieder anders ausgerichtet. Dies ist ein Platz, um der Welt enthoben zu sein. Lassen Sie sich darauf ein. Die Energie dieses Ortes ist so stark, dass Sie ganz leicht werden und alles Schwere und Belastende zurückbleibt.

Und all dies liegt genau 633 Meter über dem Meeresspiegel.

Zur Sicherheit bekreuzige ich mich. Schadet nie.

Noch ein Tipp: Der magische Kreis der Karlsburg ist nach Vollmondnächten am besten geladen.

Ausgangspunkt: Parkplatz bei der Gaststätte Mühltal.
Länge: ca. 2 km.
Anstieg: ca. 100 m, bis auf 633 m Höhe.
Einkehr: Mühltal.
Anfahrt: München (Planegger Straße südlich, Richtung Starnberg), durch Gräfelfing, Krailing, Gauting hindurch bis zur Gaststätte Mühltal.

11

Die Reismühle vor Gauting

Eine Geschichte um Karl den Großen

Das Mühltal im Südwesten Münchens ist eine Aufreihung besonderer magischer Schnittpunkte auf energetisch geladenen Erlebnispfaden, um die sich eine Vielzahl von Legenden ranken.

Da ist der Karlsberg mit den eigenartigen Resten einer nie ergründbaren Vergangenheit und den dort stattfindenden neuzeitlichen Kulten, nicht weit davon finden wir das »Grab der Seherin« inmitten eines mystischen Grabhügelfeldes; und auch der an einem besonderen Wege gelegene »Hexenbrunnen«, der in diesem Buch beschrieben ist (siehe Seite 68 ff.), findet sich ganz in der Nähe.

Der naturliebende und -suchende Genießer magischer Linien muss jedoch nur an einer beliebigen Stelle der Würm seinen eigenen Weg beginnen – er kommt immer an Punkte, die ihn innehalten lassen, weil er eine eigenartige hebende, manchmal auch bedrückende Energie spürt.

Diese Gegend war schon immer ein Ort mit besonderer Energie – nicht umsonst gibt es zwischen Krailling und Starnberg auch so viele keltische Zeugnisse – und ist es ein Zufall, dass heute genau hier sehr viele einflussreiche Menschen wohnen? Irgendwie hängt dies immer zusammen.

Wenn wir vom Mühltal zurückfahren nach München, weitet sich vor Gauting das Feld und ein hohes Gebäude mit der Aufschrift »Reismühle« erscheint. Hier soll, der Sage nach, Karl der Große geboren worden sein. Einen Abstecher auf dem Nachhauseweg von Tour 9 oder 10 ist dieser Ort auf alle Fälle wert.

Betrachten wir uns, indem wir vor dem eigenartig magischen Gebäude stehen, erst einmal die zugrunde liegende Sage.

In dieser Gegend soll König Pippin, der Vater des später so mächtig gewordenen Karls des Großen, oft zur Jagd geweilt haben. Er vertraute einem intriganten Marschall die eigene Braut an. Der Marschall sah seine Chance zu einer genial eingefädelten Intrige, vertauschte die Braut mit der eigenen Tochter, die er dem sonst so klugen König Pippin als Braut übergab. Der heiratete also die Falsche.

Die echte Braut sollte getötet werden, ob ihrer

Schönheit aber zeigten die Mordbrenner, denen der böse Marschall das schöne Kind anvertraut hatte, menschliche Züge. Und man ließ sie laufen.

Nun entwickelte die arme junge Dame eine Überlebenstaktik, indem sie Kräuter fand und aß, klares Quellwasser trank und überhaupt all das zu finden wusste, was zum Überleben notwendig war und ist.

Wenn Sie rechts an der Reismühle vorbeigehen, gelangen Sie auf den Überlebenspfad der schönen jungen Dame. Bald erreichen Sie einen dunkel bewaldeten Höhenrücken, dessen wallartige Verwerfungen auffällig sind. Keltische Schanzenbauwerke etwa?

Ich persönlich suche in diesem Wald stets aufgeladene Steine, die ich daheim zu Ringen füge oder gezielt verschenke. Und auch auf diesem Pfad beweist sich, dass, wer sich auf einer Kraftlinie bewegt, immer seine eigenen Plätze findet. Die schönsten Erlebnisse haben Sie, wenn Sie zunächst dem Weg folgen und dann, ganz der Intuition folgend, rechts oder links in den Wald hinein und einen kleinen Höhenrücken ergehen. Die Mühe lohnt immer …

Doch wieder zurück zu der ausgestoßenen

Braut, die sich hier in der Gegend durchschlug. Sie fand einen Köhler, der sie aufnahm. Damit nimmt das Gute seinen Lauf: König Pippin kam auf der Jagd vorbei und erkannte sofort an der außergewöhnlichen Schönheit der jungen Frau, dass sie die Seine, die Richtige war.

Und seinen Ring trug sie auch noch. Natürlich wurden nun beide ein Paar. Genau hier gebar sie einen Knaben: Karl den Großen …

Jeder, der an diesem Orte geht, spürt: Auf Gottes Erde findet immer zusammen, was zusammengehört.

Ausgangspunkt: Reismühle bei Gauting.
Länge: Je nach Verweilen.
Anstieg: Keiner.
Einkehr: Mühltal.
Anfahrt: München (Planegger Straße südlich, Richtung Starnberg), durch Gräfelfing, Krailing, Gauting … Unmittelbar nach Gauting öffnet sich das Feld und links vor dem Wald ist der Turm der Mühle zu sehen.

12
Der Friedhof vom Kloster St. Ottilien

Pilgerstätte für außergewöhnliche Wahrnehmungen

Bei folgendem Schutzengelpfad sind jene Kräfte, die uns während des Weges begleiten und umgeben, teilweise so groß, dass man glaubt, Personen in unmittelbarer Nähe zu spüren – Personen und Wesen, die gar nicht da sind. Kein Wunder. Oder eben doch ein Wunder. Denn diese Wesen sind da.

Pater Frumentius Renner lebte im Benediktinerkloster St. Ottilien und starb am 18. Dezember 2000. Sechzig Jahre lang betreute er paranormale Fälle, half bei Spuk, Dämonie, Besessenheit; wurde von Hilfesuchenden aus der ganzen Welt um Rat gebeten. Und er hatte die Kraft und den Glauben zu helfen! Der weise Benediktiner war einer der vier Exorzisten Bayerns und hatte eine äußerst einflussreiche Gruppe von Menschen um sich geschart.

Wunderliche Dinge geschahen unmittelbar nach dem Ableben des Pater Frumentius, Geschehnisse, die von mehreren Menschen, die ihn kannten, verschieden und doch gleich erlebt wurden.

Eine Apothekerin sieht stets, wenn sie am Grab steht, ein leuchtendes Kreuz am Himmel.

Einer anderen Zeugin erschien daheim im Zimmer eine Person: Es war ein Mann, der aber freundlich blieb und sogleich ein körperliches Leiden beseitigte: Pater Frumentius.

Solche Geschichten höre ich nun immer öfter, und mir wird klar, dass die sensationellen Gedanken aus dem mir damals anvertrauten Nachlass »Sterben heißt noch lange nicht tot sein« nun Wahrheit geworden sind.

St. Ottilien ist uraltes Siedlungsgebiet. In der Gegend des heutigen Klosters, vor allem da, wo nun der Friedhof ist, hat man keltische Grabbeigaben gefunden. Das heißt, hier fanden lange vor dem Christentum Rituale und Opfer statt. Die heutige christliche, neuromanische Kirche, die einer mittelalterlichen Kathedrale in nichts nachsteht, kann diese Urkräfte kaum aufsaugen.

Wir beginnen den Schutzengelpfad am Parkplatz und gehen die Allee entlang, die zum Kloster führt. Es empfiehlt sich, gleich zu Beginn des Weges die Madonna zur Linken zu grüßen: ein so genannter abladender Ort, ein Ort des Weiblichen, Aufnehmenden. Wie auch in Kirchen ist alles Abladende, Aufnehmende stets links. Deshalb saßen früher im Gotteshaus die Frauen auch auf dieser Seite. Und Madonnenfiguren finden sich ebenfalls zumeist links, ebenso wie die Kanzel.

Am Ende der nicht allzu langen Allee, gleich vor dem monumentalen Portal der Kathedrale, findet die Madonna ihr energetisches Pendant im Friedensbrunnen: eine spirituell reinigende Brunnenanlage mit einem herrschenden Christus auf der Weltenkugel. Dazu der Schriftzug PAX: ein deutliches Symbol in unsere Tage hinein, dass nicht Zerstörung, Wut, Terror und Vergeltung der Weg sein können, sondern Liebe und Frieden.

Dann erreichen wir das angehobene Plateau vor dem Kirchenportal; ein stärkeres energetisches Feld habe ich unter den bebauten Plätzen in ganz Bayern niemals gespürt. Hier sollten Sie suchend und fühlend hin und her schreiten. Jeder findet alsdann seine eigene Stelle, an der er heilende, stärkende Kraft in sich aufnehmen kann.

Von diesem wahrhaft magischen Ort geht es genau Richtung Süden eine steile Treppe hinab, die sich rechts vom Gebäude mit der Klosterpforte und der Buchhandlung befindet.

Weit geschwungen öffnet sich vor dem freudig erstaunten Auge die ehemalige Moorlandschaft, bei gutem Wetter erstrahlt weit vorn die Alpenkette.

Dem bewusst hier Gehenden wird auffallen, dass die hierorts fließende heiligende Kraft gefangen nimmt. Schutzengel-Energie.

Der Weg führt eine leichte Anhöhe hinab, dann biegen wir, am unteren Ende der Klostermauer, erneut nach links, gehen wiederum die Mauer entlang, bis der malerische Friedhof zu sehen ist, der sich als Hügelanlage, Kalvarienberg genannt, zu erkennen gibt: Noch zweimal links; und dann durch eines der schmiedeeisernen Tore eintreten.

Aus einem St.-Ottilien-Führer ist zu entnehmen, dass bereits im Jahre 1890 das Kloster genau hier, an der Stelle eben dieses Kalvarienberges, einen Friedhof angelegt hat. Der informative Text weist ausdrücklich darauf hin, dass sich während der Ausschachtungsarbeiten Grabbeigaben aus der La-Tène-Zeit fanden: also ein keltisches Gräberfeld!

Der Friedhof des Klosters St. Ottilien ist ein hoch energetischer Platz.

Heilende Kraft findet sich für den Wissenden auf fast jedem Friedhof. Tod ist Leben und Leben ist Tod. Aus dieser Polarität erwächst stets heilende Energie. Denn das Leben selbst spielt sich innerhalb dieser Polarität ab.

Wir sehen als Erstes das monumentale Gedenkkreuz ganz oben auf dem Hügel. Wenn wir die Stufen ersteigen, fallen uns unten die schönen, aber geheimnisvollen Symbole an den schmiedeeisernen Grabkreuzen auf. Verschlüsselte Hinweise nicht nur auf die Tätigkeiten der verstorbenen und hier begrabenen Fratres und Patres. Der Hügel ist in drei (!) Terrassen angelegt. Ein Rundgang wird dem Betrachter, der willens ist, hinter die Dinge zu sehen, Welten öffnen.

Der Boden fibriert hier. Die Fußsohlen spüren ein eigenartiges Kribbeln und Ziehen. Man empfindet sich zentriert und aufgeladen, voller Kraft.

Derart eingestimmt, finden wir bald das Grab des Pater Frumentius. Es liegt im westlichen Teil der wunderschönen Anlage, allerdings ist seine Grabstätte auf keiner der Terrassen angelegt, sondern ebenerdig direkt an der Mauer und damit an der Rückseite der Friedhofsgärtnerei.

Das Grab ist sehr leicht zu finden: Denn von allen Seiten führt ein Trampelpfad hin, da die Stelle längst ein Geheimtipp ist.

Zur Linken der Grabreihe sitzt ein lebensgroßer

Christus in einer Kapellennische, er scheint die Besucher des Grabes aus dem Dunkel heraus zu betrachten. Und so ist es auch. Jeder, der hier ankommt und eine große Erwartungshaltung mitbringt, sagt oder denkt spontan: »Was, das soll alles sein? Warum hat man den großen Mann, der sicherlich dereinst selig gesprochen wird, nicht an würdigerer Stelle beerdigt!«

Denn im Vergleich zu der restlichen Anlage scheint dieser Platz auf den ersten Blick sehr wenig imposant.

Doch bald wird klar, dass für eine Persönlichkeit von der spirituellen Größe des Paters Frumentius der Ort immer der richtige ist. Es hat sich hier eine Kraft entfaltet (oder war sie vorher da?), die ohnegleichen ist. Mit Dutzenden von Grabbesuchern habe ich Gespräche geführt: Sie hören Stimmen, Orgelklänge, haben massive Lichterlebnisse, Farbvisionen. Mir selbst ist an dieser Stelle ein Grabengel begegnet, ein Mönch, der mir von Frumentius erzählte und versicherte, ich solle mit meinen Anliegen weiter zu dem allsehenden Pater kommen. Ich wollte noch eine Frage stellen – und dann sah ich in die Augen von Pater Frumentius! (Ich habe diese Begebenheit in meinem letzten Buch »Schutzengel-Wunder« geschildert.)

Die Fußsohlen kribbeln an dieser Stelle, als würde der Betrachter auf ganz etwas anderem stehen als dem Kies des Fußweges.

So ist es auch. Jeder findet seinen eigenen besonderen Platz hier. Zumeist ist die Stelle der größten Kraft etwa einen halben Meter rechts vom Grab, also nicht direkt davor.

Die Himmelsleiter hat viele Sprossen.

Dies hier ist eine davon.

Es empfiehlt sich, den Friedhof durch das von hier aus sichtbare schmiedeeiserne Tor rechts vom Grab zu verlassen. An jener Stelle ist ein Brunnen. Ideal zum symbolischen Reinigen, zur spirituellen Waschung im übertragenen Sinne. Einfach den Stein berühren (die Schwingung, unglaublich!) und die enormen Kräfte, die uns Frumentius mitgab, erden.

Ausgangspunkt: Kloster St. Ottilien, Parkplatz vor dem Emminger Hof.
Länge: Insgesamt ca. 1 km, es sollte ein freies Wandeln sein, also mehr oder weniger Weg möglich.
Anstieg: Fällt nicht ins Gewicht.
Einkehr: Emminger Hof direkt beim Parkplatz.
Anreise: München A 96 Richtung Landsberg-Lindau, Ausfahrt Windach/St. Ottilien, durch Eresing, dann der Ausschilderung St. Ottilien folgen, rechts ab.

13

Die Michaelskirche in München

Der Weg in eine andere Welt

Über König Ludwig II. ist viel geschrieben worden, Legenden ranken sich um den Märchenkönig. Doch was wenige ahnen, ist, dass er ein »Eingeweihter« war, mit unglaublichem Wissen über magische Orte und Bauten.

An seinem Todestage, einem 13. Juni, geschieht wie schon an vielen Tagen dieses Datums zuvor, an der Sterbestätte des Königs in Berg am Starnberger See Seltsames: Denn da, wo das einsame Kreuz still aus dem im Morgengrauen spiegelklaren Wasser ragt, nähert sich ein Ruderboot, in dem schwarz gekleidete Männer sitzen, hoch aufragende bedrohliche Gestalten mit unheimlichen Kapuzen, die nur Sehschlitze für die Augen freilassen.

Das sind die Guglmänner, eine von vagen Gerüchten umwitterte Geheimbruderschaft hoch stehender Männer in Bayern, die es mit der offiziellen Version des Todes ihres verehrten König Ludwigs nicht belassen wollen.

Um den Hintergründen für diese mystische Szene näher zu kommen, begeben wir uns in die Michaelskirche in Münchens Fußgängerzone.

Wir können hier einen wahrhaft magischen Pfad auf engem Raum begehen und ganz genau spüren, wo und wie diese Kraft wirkt. Eine Kraft übrigens, die mit dem Schicksal des Märchenkönigs eng verbunden ist.

Wir beginnen unseren magischen Pfad unter der Höllensturz-Figurengruppe an der Außenseite der Kirche. Hier wird als eindrucksvolles barockisierend-brutales Spektakel gezeigt, wie der Erzengel Michael seinen Widersacher Luzifer mit einer monumentalen Lanze auf die Erde niederwirft. Mitten auf das Pflaster der Münchner Fußgängerzone.

Stellen Sie sich genau unter diese Figurengruppe über dem Hauptportal der Michaelskirche – und zwar genau so, dass die Lanzenspitze des wütend richtenden Erzengels Michael auf Ihren Kopf zeigt!

Sie werden ein eigenartiges Kribbeln spüren, unter Umständen ein heftiges Schwindelgefühl im Kopf. Das kommt daher, dass Sie ganz exakt auf einem geomantischen Punkt stehen. Der heilige Michael ist wie der heilige Georg ein Hinweis auf gepfählte Erdenergie. Diese Motive kann man überall in Bayern finden, sie sind immer ein Hinweis auf besondere Energie, auf Kraftorte und Kraftlinien.

Auf unserer Spurensuche begeben wir uns nun jedoch hinein ins Innere der mächtigen Kirche. Wir stehen sogleich unter der weitest geschwungenen frei tragenden Tonnenwölbung nach St. Peter in Rom! Die Wölbung hat einen Durchmesser von zwanzig Metern, was eine gewaltige Schwingung unten auf dem Fußboden verursacht. Gehen Sie durch den Mittelgang und spüren Sie, welche Stelle für Sie die richtige ist. Denn jeder findet immer auch »seinen« ganz persönlichen Kraftort und seine eigene Kraftlinie – so wie jeder auch seiner ganz speziellen Lebenslinie folgt.

Gestärkt von dieser Energie schreiten Sie nun weiter nach vorn und den Weg vor dem Altarraum rechts hinab in die Fürstengruft.

Jeder, der für besondere Orte ein Gefühl hat, spürt sofort: Dieser Ort nimmt einen mit. Wir sind, ehe wir den Boden der Krypta mit den vielen verschiedenen Bleisärgen erreicht haben, längst auf einer Zeitreise. Ähnliches gibt es nur noch im und um den Untersberg bei Berchtesgaden (siehe Seite 103 ff.), wo sich immer wieder eigenartige Zwischenfälle mit Touristen ereignen, für die man keine wissenschaftliche Erklärung findet. Wer sich auf die Fürstengruft einlässt, kann Erstaunliches erleben.

Doch zurück zu König Ludwig II. und den Guglmännern, die, wie vorn beschrieben, an der offiziellen Erklärung für Ludwigs Tod zweifeln. Im Sommer 2000 haben eben diese Guglmänner, jener königstreue Geheimbund, den Sarg des Königs, der die Hauptattraktion der Fürstengruft in der Michaelskirche ist, von unten her fotografiert. Heraus kam: Der Sarg ist leer. Wo der König wirklich bestattet ist, weiß niemand.

Doch auch trotz des leeren Sarges ist die Kraft dieser Gruft außergewöhnlich. Sollten Sie beispielsweise beim Hinausgehen feststellen, dass Ihre Uhr stehen geblieben ist, so wäre das nicht der erste derartige Fall.

Das alles verwundert an einem Ort wie diesem nicht weiter. Denn die Sage kündet, dass in der Michaelskirche auch eine Person eingemauert wurde und ein unauffindbarer Schatz versteckt wurde. So gut, dass beim Einmauern dem Maurer (!) die Augen verbunden worden sind.

»Sie haben mich durch lange, hallende Gänge geführt. Irgendwo habe ich den prächtigen Schatz einmauern müssen. Ich habe ein geheimes Zeichen in den Mörtel gesetzt …«

Vielleicht finden Sie das Zeichen am Ende Ihres magischen Weges. Jeder nimmt das wahr, was er für wahr nimmt. Deshalb ist die Erlebniswelt eines jeden Menschen unterschiedlich und jeder kann seine Erfahrungen machen. Hier in der Fürstengruft ist ein guter Platz, die eigene Wahrnehmung zu erweitern.

Anfahrt: München, Fußgängerzone.
Einkehr: Augustiner oder ein anderes Lokal.

14
Die Wallfahrtskirche am Irschenberg

Lebendige Heilkraft am Grab der irischen Heiligen

Nach der Überlieferung, so kündet die Chronik, ist der Ortsname Irschenberg angeblich vom lateinischen Wort *ursus* = der Bär abgeleitet. Und tatsächlich empfängt den Besucher gleich beim Eingang der modernen Autobahnraststätte eine Bärenskulptur. Denn hier gab es wirklich Bären! Viel wahrscheinlicher ist die Herleitung des Namens »Irschenberg« jedoch auf Iren, Iroschotten, zurückzuführen.

Das Auftreten iroschottischer Wandermönche, die uns hier in Bayern die Christianisierung brachten und damit die Grundlage der heute noch alles bestimmenden Kultur, fand vor allem im 7. Jahrhundert statt.

Der heilige Marin, ein irischer Wanderbischof, und sein Diakon, der heilige Anian, pilgerten bis zum fernen Rom und kamen Mitte des 7. Jahrhunderts nach Bayern. Hier wollten sie, zwischen

Bären, Wäldern und Heiden, ihren Glauben verkünden, wofür sie von Papst Egon I. mit Vollmacht und Segen ausgestattet wurden.

Vierzig Jahre lang konnten sie ungehindert wirken: betend, predigend, heilend, Kraftorte erkennend.

Es muss wohl das Hauptbetätigungsfeld ihrer heiligenden Handlungen, Rituale und auch vollbrachter Wunder dort gewesen sein, wo wir heute das Kirchlein von Wilparting rechts an der Autobahn Richtung Salzburg sehen, hineingegossen in die Hügellandschaft, mit der typischen rundkuppeligen Vituskapelle nebendran: ein Bilderbuch-Anblick des allerschönsten Oberbayern. Da, wo die sonst eher sanften Bergkuppen des Voralpenlandes sich bald zu Gebirgen aufzubäumen beginnen und hochherrliche Alpenriesen im Süden dem staunenden Blick des Betrachters und Pilgers sich darbieten, öffnet sich diese Ansicht himmlischer Schönheit hier auf Erden! Doch ist es eine Einsicht, die ein Großteil der gehetzten Autofahrer leider nur vom Vorbeirasen her kennt.

Doch zurück zum heiligen Marin und zum heiligen Anian.

Am 15. November 697 wurden die beiden Missionare von einer Horde slawischer Wenden überfallen und zur Herausgabe der von den Angreifern hier vermuteten und verborgenen Schätze gezwungen.

»Schlagt mich ruhig tot! Ich kenne keine anderen Schätze, als die im Himmel hinterlegten!«, so beteuerte Marin. Er wurde daraufhin mit Stricken gebunden, geschlagen, gedemütigt und schließlich auf den Scheiterhaufen geworfen. Auch der andere Mönch fand mit ihm den gewaltsamen Tod.

Kaum waren die beiden jedoch in die höhere Weltenebene eingetreten, geschahen seltsame Wunder an der Stätte ihres irdischen Wirkens. Und die Wunder geschehen noch heute, vor allem bei Bittgängen, die in eben diese weitum bekannte Wallfahrtskirche von Wilparting veranstaltet werden. Das wissend angelegte Gotteshaus befindet sich direkt im Zentrum einer Drachenlinie, eines spürbaren magischen Pfades. Genau an einer deutlich wahrnehmbaren Schnittstelle, sozusagen einem Kraftkreuz im vorderen Teil des Kirchenschiffes, da findet sich ein marmorner und durchaus etwas unheimlicher Doppelsarkophag, in dem die wundertätigen Heiligen, Marin und Anian, ruhen – und in unsere so gefährdeten Tage hinein weiterwirken.

Begehen wir auf dem hochplateauartigen Naturaltar des Irschenbergs einen Pfad, den die beiden Wunderbrüder sicherlich oft in ihrem Leben beschritten haben. Denn hier im Angesicht der gar nicht weit entfernten Alpenriesen herrschen nicht nur ganz andere Wetterbedingungen als anderswo, es walten eben auch andere geistige Gesetze. Dies ist ein aufgeladenes Areal mit mehrdimensionaler, fremder Zeitdimension: durchzogen von Überlebenspfaden, die mehrere wunderwirksame Orte auf geheimnisvolle Weise zu verbinden vermögen.

Auf dem Rastplatz begeben wir uns zu einer deutlich sichtbaren, in den Hügel gearbeiteten Wegtreppe aus festen Holzbohlen, die direkt nach Süden etwa hundert Meter einen Abhang hinabführt. Unmittelbar darauf stehen wir auf einer wahrlich magischen Fläche, einer weiten, geschwungenen Wiese, die so sehr mit Magnetenergie gespeist ist, dass wir das Kribbeln und Ziehen an den Fußsohlen spüren.

Auch staunen wir, dass der Trubel und die Energie der nahen Autobahn uns hier, wenige hundert Meter von den vielen Menschen entfernt, gar nicht mehr treffen kann. Im Gegenteil. Es scheint fast so, als gäbe die rollende Energie der viel befahrenen Autobahn eine positive dynamische Kraft ab, die wir hier auf der Wiese für uns vereinnahmen können!

Wir schreiten immerzu gen Südwesten, auf die in der Ferne sichtbare Wallfahrtskapelle zu. Suchen Sie rechts des kleinen Weges zur Kapelle eine auffällige Gruppe von vier Bäumen, vier schlanke Stämme, und fühlen Sie die Erdenergie, die hier aufsteigt. Die in die umliegende Wiese eingelassenen runden Betondeckel von Brunnenabdeckungen weisen darauf hin, dass wir auf teilweise unterhöhltem Untergrund, mit großer Wahrscheinlichkeit auf Quellen oder geheimen Anlagen stehen.

Wenn wir mit geschultem Blick dann weitergehen, fällt uns auch der mächtige Erdwall auf, der irgendwie von Menschenhand und nicht von den Kräften der Natur gestaltet wirkt. Eine alte keltische Anlage?

Bald nähern wir uns der Wallfahrtskapelle: Eine schmale Straße führt direkt darauf zu, rechts vor der Kirche öffnet sich ein kleiner Platz mit wuchtigem Holzkruzifix. Interessant: Direkt rechts daneben, sozusagen am Fuße des Kreuzes, ist ein deutlich sichtbarer magischer Kreis aus hellen Steinen zu sehen. Vor allem die Lage des

Kreises fasziniert. Denn dieser Ring markiert einen der Kreuzungspunkte der Erdkraft. Nebenbei: Die Drachenlinie, die durch diesen Punkt führt, wird durch das Kreuz gepfählt. Berühren Sie das Holz und spüren Sie die Schwingung. Auch der magische Kreis ist durch einen wohl wissend gesetzten hoch aufragenden Mittelstein zentriert.

Wir betreten die Kirche und betrachten mit großem Vergnügen die Votivtafeln an den Wänden und die nachgedunkelten Ölbilder, die das Martyrium der beiden Magier Marin und Anian darstellen. In der Nähe des Sarkophages ist die Heilkraft besonders stark. Ein echter Überlebensplatz. Hier werden weder Krankheit noch Tod siegen, solange die Welt besteht.

Im hinteren Teil der Kirche finden wir das »Dreieck im Kreis«, ein uraltes Einweihungszeichen, der Schlüssel zu so vielen Geheimnissen der Welt. Links unter der Orgelempore in einer Nische gibt es eine Darstellung des gequälten Christus: ein typisch abladender Platz, die so genannte weibliche Seite, die, wie schon erwähnt, in jeder Kirche links zu finden ist.

Wir gehen nun wieder hinaus ins Freie und zu der direkt im Osten der Altarrundung gelegenen, ebenfalls kreisrunden Vituskapelle. Stellen Sie sich dann aufrecht vor das alte, magische, hölzerne Eingangstor. Berühren Sie mit beiden Handflächen das Holz. Stellen Sie sich vor, Sie seien das Tor. Stellen Sie sich vor, sie stünden nicht nur vor, sondern gleichzeitig auch in der Kirche.

Vorsicht, es funktioniert!

Nun stellen Sie sich vor, Sie stünden nicht nur vor, an und hinter der Holztür, sondern Sie seien selbst der Grund dieses All-Seins, Über-All-Seins, All-Ein-Seins …

Hier an diesem Ort ist Mehrdimensionalität, das Verlassen irdischer Zeitebenen, selbstverständlich.

Dann treten wir den Rückweg an und benutzen zu Fuß die schmale Straße. Zur Rechten führt bald ein Tunnel zu der Gegenhöhe des Irschenbergs, dort finden sich ebenfalls magische Orte und auch ein Rundtempel. Da dessen energetische Struktur völlig anders ist als an der Wallfahrtskirche, betrachten wir die Anhöhe lieber aus der Distanz gegen den Abendhimmel und begeben uns in die Raststätte Irschenberg.

Sie wurde 1951 gebaut und darf sich wohl zu Recht schönstgelegene Autobahnraststätte der

Republik nennen. Das Essen ist hier vorzüglich. Die Menschen sind freundlicher als an anderen Autobahnpunkten: Wen wundert's bei dieser Lage und Erdenergie?

Ich selbst habe hier meine gute Laune immer wieder gefunden. Gott ist nicht weit. Wenn Gott ein Bayer ist, was manche Fanatiker keck behaupten, dann muss er irgendwann hier vorbeigeschaut haben!

Ausgangspunkt: Parkplatz vom Rasthaus Irschenberg.
Länge: ca. 2–3 Stunden, mit Verweilen.
Anstieg: Nicht der Rede wert.
Einkehr: Rasthaus Irschenberg.
Anfahrt: München, Autobahn Salzburg, bald nach der Ausfahrt Holzkirchen und Weyarn (Mangfallbrücke) kommt die lang gezogene Auffahrt zum Irschenberg.

15
Wunderwege in Salzburg

Magische Plätze zum Energietanken

Da sich dieses Buch an Menschen richtet, die in Bayern magische Plätze aufsuchen, und Salzburg gleich an der Grenze liegt, hielt ich es für legitim, diese Stadt, die reich ist an magischen Plätzen, und auch den Untersberg mit aufzunehmen. Zu eindrucksvoll ist ihr Erleben, als dass es der Suchende missen möchte. Der geografische Fauxpas sei mir verziehen.

Die Zeitschleuse am Untersberg

Fahren wir, von München aus, über Berchtesgaden nach Salzburg. Links erhebt sich der Untersberg: massig, dunkel, unheimlich. Und das ist er auch. Dies in alten unheimlichen Sagen dräuende Massiv setzt der immerzu nur positiven Schwingung der gesamten Stadt Salzburg samt näherer Umgebung ein so enormes Gegengewicht, dass wir uns einige Gedanken machen sollten.

Bei Grödig biegen wir links ab, steigen aus bei der Talstation der Untersbergbahn und denken an folgende wahre Geschichte: Im Jahre 1987 konnte man ab Mitte August, später wieder von November bis Dezember, seltsame Zeitungsmeldungen in lokalen Blättern verfolgen:

»Das Geheimnis des Wunderberges« – »Berg soll sich nur am Himmelfahrtstag öffnen« – »Gespenstischer Verdacht: Forscher verschwunden?«

Bei näherer Durchsicht der eigenartigen Meldungen kam dann noch folgender Inhalt zutage: »Durch eine Höhle (sei der betreffende Forscher) in die Zukunft gestiegen.«

Dann gab es Notizen und Mutmaßungen über angeblich viertausend Höhlen, die dieser Zauberberg umschließen soll, auch über eine ganz bestimmte Höhle, 225 Meter tief und sagenumwoben, denn schließlich sei der im August dann verschwundene Bergsteiger an einem vollkommen anderen Ort dieser Welt wieder aufgetaucht, zu einer ganz anderen Zeit!

Diese Geschichten aus der Presse decken sich nun schockierend mit der dunklen Sage, die sich um den Berg rankt: Karl der Große weilt angeblich im Inneren des Untersbergs als Schläfer: Er wartet, bis die Zeit der Wiederkunft anbricht. Bis die beiden Götterraben Hugin und Munin (Gedanke und Gedächtnis!) diese archaische und grausame Figur, die für Wotan steht, samt seinem wilden Heer wieder aktivieren.

Parallelen zu unserer unmittelbaren Gegenwart sind kein Zufall. Denn den ältesten bekannten germanischen Sagen nach wartet seit Äonen (Zeitengedenken) ganz tief drinnen im Wotansberg in einem unterirdischen Dom aus Gold, Silber und Edelsteinen der wahre Herrscher, ob er nun Kyffhäuser, König Dan, Widukind, Kaiser Karl oder Friedrich Barbarossa heißen mag ...

Lassen wir die Herren schlafen und ihr Heer formieren. Wichtig ist allerdings, dass der Kern der Sage immer ein gigantischer Zeitensprung ist beziehungsweise dass in all diesen archetypischen Stücken die Zeit stehen bleibt, was durch das Schlafen bildhaft Ausdruck findet. Auf diesem Berg ist alles möglich, ein archetypischer Kraftplatz, wie es wenige gibt.

Derart beeindruckt und sensibilisiert verlassen wir das Gebirgsmassiv und fahren den Rest der Strecke bis nach Salzburg.

In Salzburg begeben wir uns zum **Domplatz.** Südlich des Domes, also gegenüber der Dombuchhandlung, setzen wir uns auf eine der bequemen Bänke und staunen, dass wir uns so unglaublich wohlig, zentriert und geladen fühlen. Kein Wunder. Unter uns befindet sich ein Wasserlauf. Das können wir leicht feststellen, wenn wir Richtung Stiegl-Bräu den Platz überqueren und dann, bei Salzburgs ältester Bäckerei, der Stiftsbäckerei St. Peter, den tosenden Wasserlauf, wie er vom Festungsberg herkommt und sich nach unten ergießt, unter der gepflasterten Oberfläche verschwinden sehen.

Wasser schafft ausnahmslos starke Energieformen (weil das Magnetfeld sich ändert), ich persönlich finde den südlichen Domplatz einen idealen Kraftplatz und Ausgangspunkt, um Energie zu tanken.

Zur Aufhellung der Seele geht es nun weiter zur Kajetanerkirche **Maria vom guten Rat.** Wir gehen vom Domplatz einige hundert Meter nach Süden. Zu Füßen des Nonnbergs befindet sich die Kajetanerkirche, direkt am Kajetanerplatz.

Ein nach oben hebender Zentralkuppelbau nimmt uns auf und gleich links, in einer Altarnische, steht die Maria vom guten Rat! Lassen wir uns beraten von der wohlmeinenden Gottesmutter. Wo wird sie uns hingeleiten? Bei mir war es der folgende magische Weg durch die Stadt des stillen Zaubers und der Wunder.

Über den Domplatz zurück gehen wir nun nach St. Peter, einem der ältesten Plätze Salzburgs. Auf dem Petersfriedhof wabern die Jahrhunderte. Die Seelen, wie sie hier zu spüren sind, wirken auf merkwürdige und beunruhigende Art unerlöst. Deshalb ist es besonders wichtig, hier Fürbitten zu beten.

Interessant ist die Mariazeller Kapelle, in deren Nähe ein Templergrab zu sein scheint, das Sie nicht ohne Bekreuzigungszeichen begehen sollten. Hier denken wir erneut über das uralte Motiv des Schlafes nach, das uns so viel über die Geschichte der Zeit, der Zeitenströme und über die Einweihung in Zeitenchroniken sagen kann. Es schläft Dornröschen im Märchen, bis seine Zeit gekommen ist; Schneewittchen fällt in todesähnlichen Schlummer (Heilschlaf?), in der Bibel schläft Lazarus drei Tage lang, vielleicht gehört sogar auch Jesus in diese Reihe: der dreitägige Todesschlaf im Schoß der Erde als Einweihung und Vorstufe zur Auferstehung.

Der Petersfriedhof in Salzburg provoziert geradezu solche Gedanken. Denn er ist voller »Wächter der Schwelle«, im Märchen wären das die sieben Berge oder das Dornengestrüpp: Schläfer werden stets gut bewacht.

Vom Friedhof gehen wir zur Kirche **St. Peter**. Der interessanteste Punkt ist sogleich der Vorraum. In dieser Vorhalle (ein abladender Platz, er dient zur spirituellen Reinigung), direkt unter der Kreuztonne, ist ein runder Stein in den Steinboden eingelassen. Die Energie ist hier unglaublich. Stellen Sie sich hin und spüren Sie sie. Die meisten Eintretenden sind zu sehr vom sturen Nach-vorn-Blick gebannt und missachten den ernsten steinernen Wächter der Schwelle. Bitten Sie ihn hier um Einlass.

Gehen Sie dann weiter nach vorn. Ungefähr drei Meter vor dem Altar saugt unerbittlich eine unsichtbare Kraft an Ihnen.

Lassen Sie es zu, doch bestimmen Sie die Richtung, in die Ihre mentalen Kräfte zu fließen beginnen: Immer nur auf Gott zu!

Wir begeben uns nun zur **Franziskanerkirche.**

Lassen Sie diesmal ihr kunstgeschichtliches Wissen beiseite und geben Sie sich nur dem Gefühl hin. Der vordere Teil der Kirche ist für Sie interessant, jener hochgotische Gralstempel mit den vier schlanken, hoch aufragenden Säulen. Treten Sie aus dem Dunkel der Hauptkirche in diesen dem Himmel zujubelnden mystischen Altarraum. Stellen Sie sich genau in die Mitte des Quadrats, das von den vier Säulen gebildet wird. Sie selbst sind die fünfte Säule. Spüren Sie, welche Energien durch Sie hindurchgeleitet werden!

Nach den drei kraftgeladenen Innenräumen (übrigens ergeben die soeben besuchten drei Kirchen: Dom, Franziskanerkirche und Peterskirche genau ein Dreieck) wollen wir nun lange im Freien bleiben. Von der Franziskanerkirche aus gehen wir zum Festspielhaus und hier die Mönchsbergstiege hoch. Sie heißt an dieser Stelle Clemens-Holzmeister-Stiege. Faszinierend, wie die breite, grob steinerne Treppe hoch aufsteigt und direkt in den Felsen gehauen ist! Nach einer ersten Biegung nach rechts sehen wir einen gigantischen Drachen, der sich um das steinerne Geländer windet. Ein deutlicher Hinweis, dass wir uns auf einem klassischen Drachenpfad bewegen. Wir wissen, dass diese zügellose, vor Energie berstende Kraft des Weltdrachen an vielen Orten der Welt in vielerlei Benennungen Ausdruck findet.

Oben am Ende der monumentalen Steintreppe angekommen, führen schmalere Holztritte, die an einen Gebirgswanderweg erinnern, immer weiter nach oben, bis wir über Salzburg zu schweben scheinen. So ist es auch.

Vom **Mönchsberg** aus sehen wir nun das Festspielhaus aus der Vogelperspektive, staunen nicht nur über die Mechanik des aufrollbaren Daches, sondern auch über die enorme, aus dem Schoß der Tiefe nach oben wallende Erdenergie, die von dem in den Felsen geschlagenen Raum ausgeht. Während der Salzburger Festspiele durfte ich es einmal erleben, dass sich das hoch auffahrende Crescendo einer Bruckner-Symphonie mit dieser aufwallenden Erdkraft vermählte, denn ich stand genau an jener bewussten Stelle über dem Dachfirst, während das große Orchester probte. Unvergesslich.

Wir gehen weiter, stets nach oben, immer Richtung Norden. Bald, an der entscheidenden

Stelle, begegnet uns eine alte, burggleiche Wehranlage mit vier Türmen, die in einer Reihe stehen. Das Bauwerk wurde von der Bürgerwehr der Stadt Salzburg in den Jahren 1487/1488 errichtet. Ganz genau auf der Drachenlinie! Die durchziehende Kraft beim Torturm ist überwältigend. Im Feng Shui würde man sagen: Der Drache kann ungehindert passieren!

Nun wird uns auch klar, dass dieser Hauptturm, der auch am höchsten liegt, die Erdkraft pfählt: Er setzt die enormen Energien der Drachenkraft, der weiblichen Kraft, frei, um sie zum Wohle der Ankommenden zu ordnen.

Von den vier Türmen der Wehranlage des Mönchsberges aus geht der Weg, an einem sündhaft teuren, schlossähnlichen Hotel vorbei, immer dem Drachenpfad entlang Richtung Norden. Wir folgen damit, hoch über der Stadt, dem Lauf des Flusses Salzach. Dann – tatsächlich in Schlangenlinien – führt der Pfad abwärts. Wir sehen die Stadtpfarrkirche von **Mülln** und das große Augustinerkloster, das heute Bierhalle und Biergarten betreibt, je nach Jahreszeit.

Ein hochgradig spiritueller Bier- und Genuss-Tempel, wie ich keinen anderen kenne! Das Wort

Tempel trifft hier in allen Bedeutungsnuancen zu: heiliger Ort und heilender Genuss der Naturgaben …

Zunächst betreten wir tatsächlich Klosterräume, eine monumentale, großzügig angelegte Freitreppe führt nach unten. An einem barockisierenden Brunnenbecken mit eigenartiger Strahlkraft wartet der heilige Augustinus, seines Zeichens Kirchenvater, segnend auf uns.

Wir stellen an einer überraschend gut sortierten Schmankerlgasse (wie sie in Münchner Biergärten leider undenkbar ist, aber in Österreich findet man selten kulinarische Massenware) unser Menü zusammen, holen das Bier oder sonstige Getränke in Steingut-Krügen und setzen uns in einen weiträumigen, zeitlosen Saal mit weit geschwungenem Deckengewölbe, den so genannten Stockhammersaal. Ideal ist einer der runden Mitteltische.

Nun einfach zurücklehnen, genießen und den magischen Weg bis hierher in Gedanken Revue passieren lassen. Ein Wunder an Genuss.

Wenn wir aus dem Müllner Augustinerkeller treten, sehen wir etwas unterhalb die Salzach dunkel dahinfließen und gehen den Weg zur Altstadt zurück. Nach wenigen Metern, direkt beim Müllner Steg, finden wir zur Rechten ein Kreuz: Dies **Kruzifix** ist so besonders in der Wirkung und zwingend in der Aussagekraft, dass es jedem seine eigene, ganz persönliche Erfahrung ermöglicht. Finden Sie das Kreuz am Ende eines Salzburgtages. Schauen Sie den leidenden Christus an, halten Sie Zwiesprache. Und kommen Sie irgendwann einmal wieder.

Ausgangspunkt: Salzburg, Domplatz (Parkplätze finden Sie in den Kavernen im Mönchsberg beim Neutor, Hinweisschilder weisen den Weg).
Länge: Kann ein ganzer Tag sein, bei Eile ca. 3–4 Stunden.
Anstieg: Mönchsberg, ca. 300 m.
Einkehr: Mülln, Augustinerkeller.
Anfahrt: München – Salzburg, Autobahn A 8. Ausfahrt Reichenhall, über Bischofswiesen, Berchtesgaden, dann am Untersberg vorbei (Grödig) bis Salzburg.

16

Keltische Hügelgräber bei Bad Birnbach

Die geheime Sprache der Erde entdecken

Bad Birnbach liegt im Rottal/Niederbayern, etwa im letzten Viertel einer gedachten Linie zwischen München und Passau. Wenn wir in dieser Umgebung strahlende Erdkräfte und dazu Marienheiligtümer mit geradezu magisch-magnetischer Anziehungskraft finden, so ist diese Wunder-Disposition auch verstandesmäßig zu erklären: Es finden sich außerordentlich starke Quellvorkommen unter der Erde, deren Erschließung letztlich zu dem heute berühmten Bäderdreieck Füssing – Bad Birnbach – Bad Griesbach geführt haben. Die heilenden Wasser im Schoße der Erde sind jedoch lange schon vor ihrer Entdeckung in der zweiten Hälfte des zwanzigsten Jahrhunderts hochwirksam gewesen.

Ein weitaus älteres Wissen über die Kräfte der Erde, als wir es heute zur Verfügung haben, hat hier Heiligtümer auf ausgewiesenen Strahlungsfeldern der Erde entstehen lassen. Das unweit gelegene Altötting mit der Schwarzen Madonna, die christlich anerkannt ist, aber von ganz anderen Kräften genährt wird, ist nur eines von vielen Heiligtümern, das anerkanntermaßen auf einem uralten Kult- und Opferplatz steht.

Wir werden diese Kraft in dem Hügelgräberfeld nahe Birnbach energetisch, seelisch und körperlich zu spüren bekommen! Zunächst begeben wir uns in den lieblichen Ort Birnbach, steigen dort auf die höchste Erhebung, den Berg, der die Kirche Mariä Himmelfahrt mit dem weithin sichtbaren, typischen Turm trägt.

Wieder soll uns weniger die Kunstgeschichte interessieren als die Energie der Erde dieser direkt von einer Drachenlinie durchzogenen Kirche. Die deutlich spürbare, heilende Linie verläuft diagonal, vom in der Kirche befindlichen Grab des heiligen Chrysantus (der später der heilenden Chrysanti-Quelle den Namen gab) zum seitlichen, südlichen Eingang hin. Besonders stark ist die Kraft in der Halbkuppel, die das Grab birgt. Über dem unheimlichen Glassarg (Inschrift: »St. Chrysantus Martyr«), der von einer Bruder-Konrad-Statue beschützt wird, wacht nochmals das sehende Auge Gottes als Dreieck.

Ganz und gar positiv ist der Altarraum. In einem angenehm kolorierten Halbrelief setzt Jesus Christus seiner Mutter die himmlische Krone auf. Darüber wacht wiederum Gott in deutlicher Dreiecksformation.

Nun verlassen wir die Kirche, durchqueren den Ort in westlicher Richtung und gehen bis Aunham. Egal wie, unser Weg wird immer der richtige sein, ich persönlich wähle den Kurpark mit dem Quelltempel und schreite von da aus immer westlich.

Bei Aunham und der Johanneskirche überqueren wir die Straße und folgen dem Wanderweg 7; er führt einen Hügel nach oben, wo ein Zauberwald auf uns wartet, der Hügelgräber birgt: die Totenstadt der Kelten!

Bald sind wir am Rand des Waldes angelangt, eine Wasserfassung links ist ein deutliches Zeichen für unterirdische Adern. Ein Stück müssen wir noch den mystischen Hohlweg entlang, dann kommt eine Wegkreuzung, wir gehen links, sehen das verwitterte Schild: Hügelgräber.

Wie immer, wenn ich das Areal betrete, ruft ein Käuzchen. Eigentlich eine Warnung, man solle vorsichtig sein. Ich bekreuzige mich und vertraue darauf, dass mir nichts Unheimliches widerfahren wird.

Eine versteckte Tafel an einer Ruhebank gibt Auskunft über den Ort: In diesem Waldstück nordöstlich von Untertattenbach, dem so genannten Aunhamer Spitz, finden sich nachweislich mehr als 114 Grabhügel, die sich auf einer Breite von fast 200 Metern durch das gesamte Waldstück ziehen, bis in die Nähe vom so genannten Giglerhof. Es sind typische Keltengräber. Sie stammen aus der Bronzezeit (ca. 1800–1200 vor Christus), wurden aber wohl auch noch in der Hallstattzeit (ca. 700–500 vor Christus) benutzt, wie Funde dies belegen.

Ursprünglich hat es sich um Einzelgrabstätten gehandelt, später, da man Verwandte mit beisetzte, wurden es Familiengräber. Damals war die Einzelbestattung in der Erde ebenso üblich wie die Urnenbestattung. Beide existierten ideologiefrei nebeneinander her.

Diese so genannte Aunhamer Nekropole ist eine der größten Grabhügelansammlungen in ganz Niederbayern. Entsprechend groß war bald das Interesse der Forschung. Unter anderem fand man hier besondere Bronzelanzen (!). Denken wir in diesem Zusammenhang nur einmal an die

Macht der so genannten »heiligen Lanze«, des Speeres des Schicksals, der sich als okkulter Kraftgeber quer durch die Jahrhunderte zieht!

Interessant und ein deutlicher Hinweis, dass wir auf ausgewiesenem magischem Orte stehen, ist Folgendes:

Man hat schon immer diese Hügel als geweihte Erde (!) angesehen, was teilweise leider auch zur Abtragung einiger der geheimnisumwitterten Hügel führte.

Für meinen letzten Besuch hatte ich genau die richtige Zeit erwischt: Es war Anfang November. Die Sonne ging soeben im Westen unter, ein letzter Strahl traf einen Baum inmitten des Hügelfeldes, der mit dem Zeichen zweier aufeinander gestellter Dreiecke bemalt war. Dieses runenähnliche Symbol gibt auch den Schlüssel zum Verständnis der Anlage des Hügelgräberfeldes: Rune und Raute, Raute und Rute: Die Rute ist immer schon Zeichen der Macht.

Das Hügelgräberfeld ist ein Ort der Magie. Es geht um die magnetische Kraft der Erde, des Kosmos und um die Nutzbarmachung und Beeinflussung solcher Energien. Es ist nicht gut, an solchem Orte egoistische Wünsche verwirklichen zu wollen, stattdessen sollte man sein Gespür schulen, welch gewaltige Aufladung quer durch die Jahrtausende hier geschaffen wurde. Bei Disposition zur Schwermut oder in Zeiten des gefühlsmäßigen Umbruchs sollte die Stätte respektvoll gemieden werden.

Suchen Sie nun das Doppeldreieck, die in der Mitte eingeschnürte Raute in der Grabhügelanlage. Sie werden merken: Die ausgewiesensten Gräber folgen genau dem besonderen Zeichen. Das äußerste Grab nordwestlich ganz vorn ist sehr spürbar aufgeladen. Seit Jahren beobachte ich dort den großen Ameisenhaufen: ein sicheres Zeichen für unruhige Zonen.

Vorsicht: Dieser Ort will oftmals in Ruhe gelassen werden, zum Beispiel am Tag des keltischen Totenfests Samhaim, dem Allerheiligentag. Bleiben Sie auch nicht zu lange da.

Manche Kräfte und Geister wollen unter sich bleiben. An einem hellen Sonnentag spüren Sie in den Hügelgräbern die Erdenergie so stark, dass die Fußsohlen zu kribbeln beginnen.

Es empfiehlt sich nach einem Besuch der Hügelgräber zu beten und seine innere Ruhe wieder zu finden. Die Energie dieses Platzes bringt vieles in uns in Bewegung. Lassen Sie sich Zeit und spüren Sie nach, was mit Ihnen passiert ist.

Ausgangspunkt: Bad Birnbach, Pfarrkirche Mariä Himmelfahrt.
Länge: ca. 3 km, 2–3 Stunden, mit Verweilen.
Anstieg: Von Aunham zur Waldhöhe ca. 300 m.
Einkehr: »Rottaler Stub'n« in Birnbach.
Anfahrt: München, Richtung Passau (B 12), durch Mühldorf; dann Richtung Altötting, ab hier nach Neuötting, Eggenfelden, Pfarrkirchen, Bad Birnbach.

17
Das Gnadenbild in Wörth an der Isar

Wer dahin geht, wird überleben

Der große Visionär und leider inzwischen verstorbene Benediktinerpater Frumentius aus St. Ottilien hat immer zu mir gesagt: »Gehen Sie unbedingt nach Wörth an der Isar! Besuchen Sie das dortige wunderwirksame Marienbildnis! Nur derjenige, der einmal dort war, der wird überleben.«

Was immer Prater Frumentius mit überleben gemeint haben mag, der Weg zu diesem gleichsam wundersamen wie auch wunderschönen Bildnis der Gottesmutter lohnt sich. Das Bild mit nahezu magisch bannender Ausstrahlung hat selbst eine recht wundersame und belebte Geschichte. Aus dieser Geschichte geht hervor, dass das »Überleben« dem Wunderbild irgendwie eingeschrieben sein muss: August 1944: Heiß und flimmernd steht die Luft über der herrlichen niederbayerischen Landschaft, dennoch weht ab und zu ein labender Wind, der das breite Tal der Isar durchstreift. So ist es ein sehr angenehmer Sommertag. Oft hat ein gläubiger Mensch an solch sommerseligen Tagen das Gefühl, als würde der Hauch Gottes ihn umwehen.

Als der viel geplagte damalige Pfarrer von Wörth an jenem besonderen Tag im August des Jahres 1944 über die Isarbrücke bei Niederaichbach radelt, da holt er einen Mann ein, der denselben Weg fährt. Sie überqueren die Brücke, genießen die etwas kühlere Luft über dem Fluss – dann aber fällt der Blick des Pfarrers auf einen heiligen Nepomuk: Der Brückenheilige stand als alte Holzfigur an der Frontseite des uralten Bauernhauses gleich in der Nähe des Flusses.

Dieser Brückenheilige hat schon immer auf schöpferische Geister eine inspirierende Wirkung gehabt. So ist es auch jetzt. Abrupt bleibt der Pfarrer stehen, weil ein Gedanke ihm durch den Kopf schießt, ein wichtiger Gedanke, den er unbewusst ausspricht und den er auch bald wieder vergisst.

»Mit diesem Bauern hier möchte ich gern einmal reden. In seinem Haus könnte leicht etwas sein, was für meine Pfarrkirche in Wörth wichtig ist!«

Gottes Fügung! Der Pfarrer vergisst den Satz in dem Moment, da er seinen Mund verlässt. Der andere aber erzählt die ganze Begebenheit dem Biberger Bauern, der nach geraumer Zeit den Pfarrer darauf anspricht. Fast nötigt er ihn, die alte Rumpelkammer zu durchsuchen. Und da findet sich das Wunderbild, wegen dem Wörth an der Isar zu einem Wallfahrtsort für Wissende geworden ist.

Aus der ganzen Welt kommen Gläubige hierher.

Wir finden das Bildnis in der Kirche eher überraschend schnell, denn gleich bei einem Seiteneingang, dem vom Friedhof her sich anbietenden Zugang zur Kirche, steht das Kunstwerk eines unbekannten Meisters in der Altarnische des rechten Seitenaltars. Die Wirkung ist sogleich umwerfend. Wie kann von einem Ölbild, das die Gottesmutter mit dem Kind zeigt, eine so unglaubliche, so suggestive Wirkung ausgehen?

Es ist ein Wunderbild. Meditieren Sie vor diesem Bild und hören Sie, was es Ihnen zu sagen hat.

Es strahlt zugleich in gebender Liebe als auch in alles verstehendem Humor.

Die Maria blickt sehr weiblich, mütterlich.

Doch mit wissender Trauer schaut sie weder auf Jesus noch auf den Betrachter, sondern ihre Augen weisen in eine nur von ihr geschaute Zukunft. Das Kind legt eine Hand auf ihr Herz, den anderen Arm voller Liebe um den Hals der Mutter. Fast scheint es so, dass dies Kind die Mama bei ihren schweren Gedanken erkennt und beschützen und auch trösten will – und nicht umgekehrt. Die Gestik des seine Mutter umfassenden Jesus ist von einer selten dargestellten, zärtlichen Liebe – und eben auch voller Humor in Blick und Gestus!

Dies Gotteskind steht wirklich über den Dingen. Es kennt die inneren Zusammenhänge und lächelt mit dem Lächeln Gottes.

Alles wird von einem himmlischen Regenbogen gekrönt, das Bildnis selbst befindet sich in einem gemalten Rahmen, sodass alles in einer himmlischen Sphärenharmonie angesiedelt scheint.

Das Bild hat es in sich, man sollte sich nicht täuschen: rechts eine hoch lodernde Feuersäule und die Gestirne, links Luft, Äther und die Sonne. Unten am Bildrand ein Engelduo. Bei genauem Hinsehen werden Licht und Finsternis genau getrennt. Das Feuer lodert in dunkelster

Nacht unter dem Mond und den Gestirnen; der Äther, also die dem Feuer entsprechende Luft-Wolken-Säule, befindet sich unter der Sonne. Links oben Licht; rechts unten Finsternis.

Und inmitten dieses kosmischen Weltentheaters der Schöpfung und der Zerstörung zugleich, inmitten eines alchimistischen Spiels der Gewalten, da scheint das Marienbild zu schweben, hineingehängt von unbekannter Hand in die Ewigkeit.

Lassen Sie es auf sich wirken. Vergegenwärtigen Sie sich dabei, dass Pater Frumentius gesagt hat: »Wer hierher kommt, wird überleben, bei allem, was kommt.«

Danach wandern wir zur Isar hinab, zum Fluss, dahin, wo alles am Fließen ist.

Und inmitten der Äcker und der Flusslandschaft finden wir die Antwort, warum ausgerechnet hier diese Madonna hängt, warum sie »Mutter vom guten Rat« genannt wird. Welchen Rat hat sie Ihnen mitgegeben?

Ausgangspunkt: Parkplatz neben der kleinen Pfarrkirche von Wörth an der Isar.
Länge: Entweder nur die Kirche und den Friedhof begehen oder Wanderung zur Isar (ca. 1 km hin und zurück), insgesamt 1–2 Stunden, je nach Verweilen.

Anstieg: Keiner.
Einkehr: Sportgaststätte 1 km flussabwärts direkt beim Isar-Stausee. Viele Sportmöglichkeiten.
Anfahrt: Autobahn ab München, Richtung Flughafen Franz Josef Strauß, dann weiter Richtung Deggendorf. Nach Landshut noch ca. 10 km, dann in den Ort Wörth hineinfahren. Wörth liegt direkt an dieser Straße und die Kirche steht unübersehbar links am Straßenrand.

18
Die Steinerne Brücke von Regensburg

Magie unter Brückenpfeilern

Einer der ganz besonderen Orte an der Donau ist Regensburg, die Bischofsstadt.

Fünfundfünfzig Kirchen, Kapellen und Klöster besitzt das genannte Juwel mittelalterlicher Prägung – aber die Macht, die hier waltet, ist gar oft nicht sehr christlich. Wer sich mit Zahlen auskennt, der wird wohl bei 55 schon stutzig.

Doch uns interessiert nun etwas anderes: die Steinerne Brücke.

Sie ist 312 Meter lang, sieben Meter breit und überspannt, auf fünfzehn granitenen Bögen ruhend, den gewaltigen Strom der Donau.

Einst wetteiferten der Baumeister des Regensburger Domes (dieser wahrhaft und spürbar magische Bau ist von der Brücke aus gut zu sehen) und der Brückenbaumeister miteinander.

Das lag nahe, denn beide Bauvorhaben wurden in etwa gleichzeitig verwirklicht. Die beiden

Genies steigerten sich hoffärtig in ihren Konkurrenzkampf hinein.

Das trieb zur Arbeit an. Doch der Dombaumeister hatte »die Nase vorn«. Der Dom wuchs in die Höhe, die Brücke aber erlebte einen Rückschlag nach dem anderen, denn immer wieder riss der wütende Donaustrom einen der Pfeiler weg.

Menschen, von entfesseltem Ehrgeiz getrieben, sind oft blind für ihre seelische Entwicklung. In der Dämonenlehre ist es der Dämon der Ruhmsucht, auch der Raffsucht (Raffen von Ruhm, Geld, Lob, Prominenz und Ansehen), der schnell denjenigen befällt, der nicht auf sich aufzupassen weiß.

Der Teufel »riecht« solche Situationen. Und er bot Hilfe an. Der Brückenbaumeister ließ sich auf den Teufelspakt ein. Folgende Bedingung stellte ihm der schwarze Herr der Finsternis: *»Ich will die Seele dessen, der als Erster die fertige Brücke betreten wird!«*

Nun ging's flugs voran, die Brücke, die auch heute noch ein Meisterwerk der Statik und Ästhetik ist, wuchs wie von Zauberhänden. Kein Wunder: Denn nächtens, vor allem, wenn das fahle Licht des Mondes über den dunklen Fluten der Donau leuchtete und sich in den stillen Wassern spiegelte, dann mussten Legionen von Unterteufeln und Dämonen »Hand anlegen«.

Kluge Teufel senkten gleichzeitig, von beiden Ufern aus, mächtige Pfeiler ins Wasser, spannten dann die Brücke darüber, ließen diese also mittig »zusammenwachsen«.

Der Dombaumeister, von Neid um den Verstand gebracht, stieg auf den Turm und stürzte sich in die Tiefe. Auch das hatte ihm der Teufel eingeflüstert. Dann kam der Tag der Brückenweihe!

Schon näherte sich die Prozession. Der Bischof würde als Erster über die Brücke gehen. Doch dann riss sich ein Pudel los und war als Erster auf der Brücke. Blind vor Zorn riss ihm der Teufel den Kopf ab.

An der Brücke ist heute noch in der Brüstungsmauer ein steinerner Hund zu sehen. Ohne Kopf. Dieser Weg über die Brücke ist vor allem in Vollmondnächten zu empfehlen. Wer feinfühlig ist, spürt sehr viel erdende Energie. Doch es ist auch Vorsicht geboten, denn dieser kurze Weg hat es in sich: Alles zieht wie magisch nach unten. Wer hin und zurück geht, kann einiges erleben.

Ausgangspunkt: Altstadtseite der Steinernen Brücke.
Länge: Einige hundert Meter.
Anstieg: Keiner.
Einkehr: Eines der herrlichen Altstadt-Lokale.
Anfahrt: München – Regensburg.

19
Ruine Weißenstein bei Regen

Weg der Wandlung

Der Burgführer Alfons Obermeier zeigt heute noch gerne vor Besuchern der Ruine Weißenstein auf die Stelle in der gut zwei Meter dicken Burgmauer: »Genau da soll die Freifrau eingemauert worden sein!«

Betrachtet man die hochherrlich das Land überragende Ruine Weißenstein genauer, dann lässt sich tatsächlich dort an der Außenmauer des Burgturmes eine Aufmauerung entdecken. Es muss also etwas dran sein an der schauerlichen Historie, die auch Ortsansässige bestätigen, dass die Freifrau hier bei lebendigem Leib eingemauert wurde, während der Abt von Niederaltaich auch noch dazu betete.

Seriösen Quellen zufolge hatte die Arme zwar tatsächlich nicht dieses Schicksal, doch das ihre war nicht weniger hart. Freiherr Hans VI. von Degenberg, der damalige Burgherr, lebte von

1495 bis 1551. Aus Gründen, die keiner kennt, die jedoch traurige Tatsache wurden, hielt dieser seine bildhübsche Gemahlin Magdalena, die Tochter der Ritters Johann von Aichberg auf Burg Weißenstein, hoch über dem Bayerischen Wald, wo schwer und mystisch der schwarze Regen durch nebelige Täler zieht, im Hauptturm als lebendige Tote. Jeder Kontakt zur Außenwelt war ihr untersagt. So war sie zwar nicht direkt in die Mauer, aber doch hinter der Mauer eingemauert.

Umso erstaunlicher bei dieser schaurigen Geschichte ist, welch positive und kräftigende Energie die Ruine ausstrahlt.

Wir nähern uns der Burg, die tatsächlich in magischem, geradezu fluoreszierenden Weiß den weit geschwungenen Hügel dominiert. Aus diesem Höhenrücken bricht dann das helle, ebenso strahlende (»weizze«) Pfahlgestein. Der Name Weißenstein besteht also ganz zu Recht.

Wir beginnen unseren Weg am Parkplatz der Ruine Weißenstein und achten auf den Wegweiser, der für den ersten Teil des Weges ein grünes Dreieck ausweist. Rechts in der Wiese steht eine Kapelle mit den vielen Totenbrettern, die wir jedoch erst auf dem Rückweg besuchen: Wenn wir den Weg als Einweihung und Weg der Heilung gehen wollen, dann ist es gut, sich erst am Schluss bei Gott zu reinigen und die enormen Energien, die auf uns einwirkten, christlich auszurichten.

Also links hoch, auf dem zerklüfteten Pfahlgestein thront der Stumpf der Burg vor uns. Über eine abenteuerliche Freitreppe an der Burgmauer steigen wir nach oben bis zu einem kleinen Plateau mit überraschend positiver Energie! Man merkt es auch an den Ausflüglern, die hier lachen oder frohen Mutes ihre Brotzeit auspacken. Nach Entrichtung einer kleinen Gebühr geht es durch ein Holztor über eine Schwindel erregende Brücke über den tiefen Graben nochmals nach oben.

Der Turm bietet alles, was ein rechter Burgturm aufweisen muss: Kälte, Zugluft, alte Holztreppen, Geistwesen ... Und mit jedem Schritt wird die Energie dunkler und bedrückender. Das ist auch kein Wunder, denn wir gehen genau dort vorbei, wo die bedauernswerte Burgfrau ihr Dasein fristete.

Oben auf dem Turm schieben wir uns durch eine Dachluke und schon öffnet sich der Bayerische Wald wie ein Märchenbuch vor unseren staunenden und ans Dunkle gewöhnten Augen. Wir treten vom Dunkel ins Licht: eine kleine Einweihung.

Stehen wir doch nicht nur auf der Höhe des Turms, sondern auch auf der höchsten Erhebung der Gegend, dem Pfahl. Wir tanken nun ganz bewusst die Energie, die hier oben allerdings eher Macht bedeutet als gebende Liebe (sehr männliche Energie). Wir speichern diese Macht und Kraft in uns, um sie dann später am Pfahlgestein und in der kleinen Kapelle zu erden und in liebende, heilende Energie übergehen zu lassen. Dann steigen wir nach unten.

Dort sollten wir nun unbedingt in den ehemaligen Torturm gehen, der lange Jahre die Behausung des Dichters Siegfried von Vegesack war. Der Geist jenes Mannes, der hier seine liebste Heimat fand, ist allgegenwärtig. Wir versuchen uns mit diesem zu verbinden. Dann steigen wir die Steintreppen der Burgruine hinab, gehen zur Ortschaft und halten uns dort links. Dort, wo die gelbe Markierung mit der 2 und die rote mit der 5 links nach Rinchnach wegführen, überqueren wir die Hauptstraße. Bald finden wir einen auffallend anmutigen Fußweg, der uns, bei immer positiver ansteigender Energie, zum Grab des Dichters (1888–1974) in einem Kiefernhain führt.

Ein beschriftetes Totenbrett informiert uns, dass hier der Lieblingsplatz Siegfried von Vegesacks war. Kein Wunder: Der Mann muss sich mit Erdenergien fantastisch ausgekannt haben! Er ließ gleich neben der heutigen Grabstelle ein hohes Windrad bauen, das in den Jahren 1920 bis 1948 zur Stromversorgung mehrerer Häuser gedient hat. Er war ein Pionier im Nutzen der Energien dieser Erde, ohne die Umwelt zu belasten. 1949 wurde das Windrad allerdings abgerissen.

Hier, in dem geradezu magischen Viereck des Fundaments, ist die Kraft und Schwingung besonders stark zu spüren (linksdrehende Energie, man sieht dies auch schnell am Wuchs der Bäume). Bis heute ist diese Erdkraft, die der Dichter erkannte, spürbar. Die Umgebung zeigt sich in diesem Energiefeld typisch positiv, linksdrehend geladen, sodass einem an einigen Stellen schwindelig werden kann.

Warum wollte dieser wissende Mann genau hier begraben sein? Sein Grab ist eines der ganz seltenen Freigräber, eine Grabstelle also außerhalb der offiziellen Friedhöfe. Für jeden Energetiker ist das nur zu verständlich. Fünfundzwanzig Jahre dauerte der Streit um dieses Grab, dann hat eine höhere Macht zugunsten Vegesacks entschieden.

Welche?

Nach diesem Leckerbissen für Energie-Genießer gehen wir den Weg zurück, bleiben jedoch einige Meter oberhalb in dem Kiefernwäldchen. Dann, bei einer Sonnenbank, treten wir auf den Weg zurück, durchqueren wieder den Ort und gehen unten an der Burg vorbei, wo wir den ausgeschilderten Pfahlweg finden. Den wandern wir langsam und aufmerksam entlang. Zu unserer Linken thront der weiße Pfahl (hoch aufragendes helles Quarzgestein) und strahlt im doppelten Sinne, bis ein etwa dreißig Meter hoher weißer Steinturm jäh in den Himmel ragt. Dieser Kraftort ist vom Feinsten. Wir setzen uns gegenüber des Naturturmes auf ein kleines Felsplateau und lassen die hier gepfählte Erdenergie auf uns wirken.

Ein weithin sichtbares mächtiges Quarzriff gehört zu den bedeutendsten geologischen Naturdenkmälern Bayerns. Es bildet für den Freund magischer Orte eine fast schnurgerade Verbindung auf etwa hundertfünfzig Kilometer Länge vom unteren Bayerischen Wald bis weit hinein in die Oberpfalz.

Diese tektonische Bruchlinie, deren letzter Entstehungsgang etwa vor 250 Millionen Jahren stattfand, bildet ein eigenartiges Magnetfeld, das jede Wünschelrute oder jeder Sensitive sofort erkennt. Kilometerweit.

Derart energiegestärkt und aufgeladen begeben wir uns nun schnellstens in das kleine Kapellchen mit den Totenbrettern am Ausgangspunkt der heilenden Wanderung. Die Totenbretter (ursprünglich Totentragen, die dann bemalt und aufgestellt werden) haben stark erdende Energie.

Setzen Sie sich auf die Bank vor der Kapelle und lassen Sie alles Gewesene auf sich wirken.

Wer sich nun besonders gut fühlt, ausgeruht, zentriert und vitalisiert: kein Wunder. Die gesamte Gegend ist stark polarisierend und verstärkt unbewusst genau jene Stimmung, die im Besucher latent vorhanden ist. Durch ihre starke Energie ermöglicht sie jedoch auch, mit Bewusstsein Stimmungen zu verändern. Wer bewusst diesen Weg geht, kann tiefes Glück erfahren.

Ausgangspunkt: Ruine Weißenstein, Parkplatz.
Länge: ca. 5 km; 2–3 Stunden, mit Verweilen.
Anstieg: ca. 50 Meter.
Einkehr: Weißenstein.
Anfahrt: München – Landshut – Deggendorf – Viechtach – Regen. Ab Regen etwa 3 km zur Ruine Weißenstein, gut ausgeschildert.

20

Mariengrotte im Bayerischen Wald

Erlösungsweg aus dem Dunkel ins Licht

Tief im Bayerischen Wald ist eine Mariengrotte versteckt, die den Suchenden schützend willkommen heißt und mit Energie aus den Tiefen der Erde versorgt.

Als wahre Überraschung erscheint genau da, wo der Wald am undurchdringlichsten scheint, auch ein wunderbares Marienbildnis: Die Maria vom guten Rat, wie wir sie als Original in Wörth an der Isar finden (siehe dazu Tour 17).

In dem Moment, da ich selbst das Marienbildnis zwischen den hohen Fichten und Tannen sah, schob eine geheimnisvolle Macht die Wolken beiseite und ließ einen Lichtstrahl auf die wundersame Szene fallen.

Zufälle gibt es nicht für den, der magische Orte auskosten und heilende Pfade erkennen kann. Alles ist Zeichen und Symbol zugleich, das heißt, wie bei einer heiligen Handlung, etwa dem

Sakrament, fällt die einfache, fast banale Handlung mit einer ungleich größeren übertragenen Bedeutung zusammen. Achten Sie deshalb auf die Zeichen und Symbole!

In Wiesing bietet sich als idealer Parkplatz das freie Feld gegenüber dem Feuerwehrhaus an. Wir gehen den kleinen, leicht ansteigenden Weg durch das Dorf, dann bei einem Graben mit einem Wasserrad links weg (Richtung Kronberg).

Dieses munter sich drehende kleine Mühlrad befindet sich an einer Wassermauer, die vor längerer Zeit eines Streites wegen zwischen Anrainerbauern errichtet wurde. An dieser vor Wasserenergie strotzenden Stelle, die vor Lebenskraft zu jubeln scheint, genau da spürt der Sensible bereits die zentrierende und aufladende Kraft und Ausstrahlung des nicht allzu hohen Bergleins, das jetzt auf uns wartet.

Wir gehen links hoch, an einer Wiese entlang, fühlen die Energie am Bienenstock, bei dem wir vorbeikommen (bei einem Bienenstock oder Wespennest herrschen immer sehr positive Erdstrahlen, sonst würden die sensiblen Tiere sich hier nicht wohl fühlen), dann wenden wir uns links hinein in den ungewöhnlich hellen und freundlichen Wald.

Der Weg wird bald in irritierender Weise schmal und in nahezu beängstigendem Maße naturbelassen. Oftmals schleicht das Gefühl sich ein, man sei nicht richtig gegangen, was die Qualität dieses Einweihungsweges verstärkt. Denn das ungute Gefühl mitten im Wald, falsch gegangen zu sein, verstärkt das spätere Positiverlebnis und man wird für die überstandenen Selbstzweifel belohnt.

Wir folgen immer der sanften Steigung, gehen also konsequent nach oben! Dann öffnet sich, mitten im Wald, ein kreisrundes, freies Feld, dessen Mitte deutlich markiert ist. Warum?

Wer hier steht, spürt jedenfalls eine Art Schwindel. Wir gehen wieder links in den Wald hinein und folgen der kleinen Zahl 15.

Schon bald taucht zur Rechten ein Naturtempel auf, der seinesgleichen sucht: Es ist dies eine aus für den Bayerischen Wald typischen Granitbrocken gebildete Kreisanlage, überwachsen mit Moos und festem Wurzelwerk, eine eigenartig von höherer Kraft geplante, von einem Ring aus hohen Fichten zum Naturdom erhobene Weihestätte. Ich persönlich habe mich hier eine Stunde zur Ruhe gelegt, das Blitzen des Sonnenlichts zwischen hohen Zweigen beobachtet und genossen, die Kraft der Erde in mich fließen lassen und dem unendlichen, lebensbejahenden Spiel der Insekten und Vögel zwischen Nadeln, Blättern, Ästen und Himmelslicht zugesehen. Wer einmal hier war, vergisst die Stelle sein Lebtag nicht mehr und weiß, was mit der Bezeichnung Naturdom gemeint ist.

Wir gehen weiter, der Weg führt in sanfter Weise bergab, wir waren also soeben wortwörtlich ganz oben. Es taucht plötzlich ein Marienbildstock auf der rechten Seite des Weges auf, dann kommt auch schon ein versteckter Hinweis: »Zur Gedenkstätte«.

Wer diese zu finden weiß, versinkt dort in heiliges Erstaunen. Ein magischer Ort mitten im Wald, wiederum auf einem Hügelchen, eher einer Hochterrasse im dunklen Grün des Mischwaldes gelegen, eingekreist mit Naturstein, festem Granit, den staunenden Angekommenen bergend und in dessen Seele hineinstrahlend aus der Tiefe vieler Jahrtausende.

Wiederum in einem Rundbogen aus uraltem Stein in die mütterlich aufnehmende Tiefe der Erde führend, finden wir die Mariengrotte. Ein Ort, der uns schützend willkommen heißt, bergend in sich einlässt und mit einer Energie versorgt, die hier eingelagert ist wie sehr guter alter Wein. Oder das Leben selbst.

Oben auf dem Torbogen der Grotte, in der die halb lebensgroße Madonna vor der Unbill der Natur geborgen steht, prangt ein keltisches (!) Kreuz. Auf die Granitblöcke, die diesen Platz rahmen (der eher Kultstätte ist als christliche Gedenkstätte), sind Namen von Hingegangenen gemalt. Zahlreiche Totenbretter (ursprüngliche Tragen für Verstorbene, die dann beschriftet und im Wald aufgestellt werden) stehen, an die Felsen gelehnt, im Halbkreis um uns herum. Doch seien Sie vorsichtig, solche Bretter sind stets geladen mit der Energie des damals Verstorbenen und darauf Aufgebahrten, es ist besser, sie nicht zu berühren oder zu nahe an sie heranzugehen.

Eine Eigenart dieses Platzes ist auch die hohe Birke in der Mitte, die auf eine unterirdische Quelle hinweist. Birken wachsen zumeist nur dort so stolz und frei in den Himmel hinein, wo genug Feuchtigkeit im Boden vorhanden ist. Deshalb finden sich Birken eher in Aulandschaften und Fluss-Senken als hier an diesem Ort, auf Granit, auf beinhartem Urgestein, auf dem wohl ältesten Gestein der Erde.

Nach gebührender Andacht gehen wir zurück

zu dem Hinweisschild und setzen dann den Weg ein kurzes Stück gen Süden fort. Plötzlich öffnet sich das Zwielicht des Hochwaldes: Wir sind an der Kuppe eines Kraft gebenden Berges, von wo die Sicht nach Süden weit, weit über dies herrliche Land hinwegschweifen kann.

Hier ist nun auch die Kronberghütte, die zu einer Rast geradezu einlädt. Bei gutem Wetter kann man sich im Freien niederlassen und diesen Blick zusammen mit einem erfrischenden Getränk geradezu in sich aufsaugen.

Hinterher führt uns die gut befestigte schmale Straße Richtung Wiesing zurück. Auf dem Rückweg grüßt uns von Ferne, auf einer ähnlichen halbhohen Bergkuppe gelegen, die gut erhaltene Festung Neu-Nussberg. Wir haben, von der Kronberghütte kommend, eine wunderschöne Sicht auf diese romantische Burganlage, die bereits auf das frühe Mittelalter zurückgeht.

Ausgangspunkt: Wiesing, ca. 5 km von Schönau bei Viechtach entfernt.
Länge: ca. 9 km.
Anstieg: Etwa 800 Höhenmeter. Leichte Steigung.
Einkehr: Kronberghütte.
Anfahrt: München – Landshut – Deggendorf – Viechtach – Schönau – Wiesing. Parkplatz gegenüber Feuerwehrhaus.